미술치료
요리책

일러두기

- 이 책은 『미술치료 요리책』(2003)의 개정증보판입니다.
- 단행본·신문·잡지는 『 』, 미술작품은 「 」, 전시 제목은 〈 〉로 묶어 표기했습니다.
- 인명·지명 등의 외래어 표기는 국립국어원에서 규정한 외래어 표기법을 따랐습니다.

미술치료
요리책

주리애 지음

아트북스

주리애, 「Mother and her baby orangutan」, 캔버스에 유채, 73×60cm, 2012

사랑하는 엄마와 예수님께
이 책을 바칩니다.

행복 레시피를 나눕니다

삶이 바뀌는 변화의 수레바퀴는 언제나 두 개의 축을 사용해서 움직이나 봅니다. 하나는 마음으로 깨닫는 힘이고, 다른 하나는 몸으로 익히는 습관입니다. 머리로만 얻은 깨달음은 빈약한 쭉정이가 되기 쉽고, 그 열매는 기껏해야 다른 사람을 탓하는 원망이나 푸념일 뿐입니다. 그래서 마음이 움직여야 합니다. 마음이 움직여야 변화의 물꼬가 터지기 때문입니다.

그런데 이 마음이 때로 고약하게 굴기도 합니다. 의지대로 따라와 주지 않고 저 혼자 다른 곳에 가버립니다. 멀찍이 가고 난 다음에야 왜 알아봐주지 않느냐고 합니다. 도대체 마음은 몇 겹이기에 의지를 발휘하는 마음이 있고, 생각지도 않은 길을 가는 마음이 있을까요?

미술은 여러 겹으로 이루어진 마음들이 각자 자기의 순서와 방식으로 나타날 수 있는 장이 되어줍니다. 생각하며 그리는 순간이 있는가 하면, 그냥 손이 가는 대로 그리는 순간도 있습니다. 왠지 이렇게 해야 할 것 같아서 색을 칠하고 형태를 그리게 됩니다. 이 모든 과정이 바로 미술이 마음에게 공간을 내어주는 작업입니다.

미술로 마음이 바뀌겠느냐고 의문을 가지는 분도 계실 겁니다. 머리로만 생각하기 때문에 그렇습니다. 실제로 점토를 만지고 도화지를 골라보세요. 색상지를 뜯고 철사와 노끈을 꼬아보세요. 생각과는 다른 것을 만날 수 있습니다.

이 책에 소개된 기법들은 직접 손으로 작업하며 하나씩 해나갈 때 가장 잘 느낄 수 있습니다. 좋은 미술치료사가 되기 위해서는 손과 마음이 미술에 열려 있어야 합니다. 모쪼록 이 책이 미술치료 현장에서 도움이 되기를 바랍니다. 더불어 일상에서 만나는 즐거운 행복 레시피가 되기를 기대합니다.

2014년 2월
주리애

마음을 여는 식탁에 초대합니다

치료사의 삶에는 두 가지 힘이 있습니다. 하나는 밝음의 힘이고 다른 하나는 어두움의 힘입니다. 밝음의 힘은 사람에 대한 관심과 신뢰, 따스함, 변화에 대한 열망, 새로움을 향한 용기 등 치료사를 치료사가 되게끔 해주는 것들로 이루어져 있습니다. 그에 비해 어두움의 힘은 치료사의 상처와 고통에서 비롯됩니다. 그 상처들은 오랜 시간 세월의 의미가 없혀진 채 간과되었거나 외면당하다가 치료 공부에 들어선 치료사의 눈에 띄기 시작합니다. 조금씩 그 의미를 헤쳐나가면서 만나게 되는 자신의 아픔은 또 다른 의미에서 치료사가 되게끔 해줍니다. 아픔은 그 자체로 하나의 에너지원이기 때문입니다. 자신의 아픔 덕분에라도 치료에 대한 열망이 생기게 됩니다.

이러한 두 가지 상이한 힘의 존재를 깨닫는 것은 중요한 작업입니다. 왜냐하면 치료사라는 직업의 성격상 마음이 상한 사람들을 많이 만나게 되기 때문입니다. 자신의 내면을 이해하지 못하고는 사람들을 만날 수가 없습니다. 인간관계에 휘둘리게 되기 때문이지요.

이 책은 그렇게 자기를 찾아가고 다른 사람을 돕고자 하는 이들에게 도움이 되는 기법들을 소개하고자 합니다. 여러 가지 실용적인 기법을 정리했기 때문에 책 제목도 '미술치료 요리책'이라 붙였습니다. 치료라는 것이 사실 기법을 통해서 할 수 있는 것이 아니기 때문에 미술치료책을 요리책 쓰듯이 할 수는 없을 것입니다. 미술치료 기법이 레시피recipe가 아니라는 것은 미술치료를 공부하는 동안 내내 듣던 소리거든요. 그렇지만 미술치료를 공부하는 사람들과 만나면서 기법도 치료의 재료라는 의미에서 여러 가지 기법이 정리된 책이 한 권쯤 있었으면 좋겠다는 이야기를 많이 들었습니다. 그렇지 않고서는 미술치료 공부를 한다 해도 실제 현장에서 시작하기가 너무 막막하다는 것이지요. 아마 치료사가 되는 과정은 좋은 요리사가 되는 과정과 비슷한 것 같습니다. 요리사가 되는 비법이 요리책에 있지는 않을 것입니다. 하지만 요리를 처음 배울 때는 요리책이 도움이 되지요. 그래서 이 책을 쓰게 되었습니다.

이 책에 소개된 기법은 모두 제가 해보고 실제로 도움이 된 것들만 고른 것입니다. 소개된 기법들의 대부분은 청소년 이상 성인들에게 적용함 직한 것입니다. 하지만 아동을 만나는 치료사께도 이 책이 도움이 되리라 기대합니다. 왜냐하면 아동을 만나는 바로 그분들 스스로에게 이 기법을 사용할 수 있기 때문입니다. 저도 이 책의 기법들을 가끔 사용하면서 자신을 돌아보곤 하니까요.

아픔에 대해 크게 한번 깨닫고 나면 그것을 극복하는 줄 알았던 적도 있었습니다. 그런데 아픔은 깨닫는다고 없어지는 것이 아니었습니다. 오히려 시간이 흐른 이후에라도 가끔씩 예기치 못한 순간에 진물이 나와 당황스러울 때가 있었습니다. 그러면서 알게 된 것은 상처는 계속 관리해야 한다는 것, 돌아보는 작업을 중단할 수 없다는 것이었습니다. 그러므로 제가 저 자신을 돌아보기 위해 이 책에 있는 기법을 쓴다는 말은, 그저 드리는 빈말이 아닙니다. 진심으로 드리는 말씀입니다. 그리고 저에게 도움이 되었던 기법이 이 책을 구입하신 분께도 도움이 되길 진심으로 바랍니다.

마지막으로 이 책이 나오기까지 수고해주신 아트북스 편집부와 정민영 대표이사님께 감사를 드립니다.

2002년 가을
주리애

1부
말랑말랑한 이론

04   치료 비법

2부
치료 기법 모듬

05   재료 준비와 애피타이저

06 감정 표현하기

07 자기 발견

08 관계 속의 나를 돌아보기

말랑말랑한 이론

말랑말랑한 이론

01

미술치료사

치료사가 내담자에게 보여주는 사랑은 감정이 아니다. 그 사랑은 행동으로 정의되고 전달되어야 한다. 사랑을 감정으로 설명하면, 결코 성취될 수 없는 불가능한 목표를 붙잡는 것이 되고 만다. 감정만으로는 그렇게까지 사랑할 수 없기 때문이다. 다만, 치료사답게 행동하는 것만이 치료사의 참된 사랑을 보여주는 길이다.

치료사가 되는 이유

이 책의 시작을 미술치료사가 되는 이유를 생각해보는 것에서부터 출발하려고 한다.

왜 치료사가 되려고 하는가?

'사람을 돕고 싶어서'라고 짧게 대답한다면, 그다음 질문을 생각해보자. 왜 직접 돕는 사람이 되려고 하는가? 사람을 돕는 길에는 여러 방법이 있다. 예를 들어 열심히 돈을 벌어서 기탁하는 것도 그 한 방법이다. 그런데, 왜 자신이 직접 치료사가 되어 사람을 도우려고 하는가?

미술치료든 음악치료든 치료라는 분야에 관심을 갖고 그 분야로 접어드는 것에는 여러 가지 의미가 있다. 먼저 그 사람이 사람에 대해 관심과 사랑을 가지고 있다는 말이다. 또한 아픔을 공감하고 나누고자 하며 치료를 통한 변화를 믿고 있다는 의미이기도 하다. 그러나 간과하지 말아야 할 점은, 자신의 삶에 아픔이 있다는 것이다. 비록 자기 자신은 의식하지 못할지도 모르지만, 사실은 그 사람이 겪은 삶의 고통과 아픔이 그로 하여금 치료의 길에 눈을 뜨게 한 것이다.

언뜻 잘 이해가 가지 않을 수도 있다. 아픈 사람은 내가 아니라 저 사람인데? 바로 저 아픈 사람을 치료하고자 하는 치료사가 되는데, 외려 치료사 자신에게 아픔이 있어서라니? 그렇다면 생각해보라. 내가 다리를 다쳐서 지금 깁스를 하고 있다. 절뚝거리면서 힘들게 목발에 의지해서 외출을 했다가 올라 치면, 그날따라 다리를 다친 사람들이 눈

> 내 아픔 때문에 남의 아픔에 관심을 가지게 되었다는 것은 결코 부끄러운 일도 아니고 회피하거나 부인해야 할 일도 아니다.

주리애, 「마음속 풍경」, 캔버스에 아크릴릭, 47×65cm, 2012

에 많이 들어오지 않는가? 왜 이렇게 세상에는 다리를 다친 사람들이 많은지, 그리고 왜 이제껏 그 사실을 몰랐는지가 새삼스러울 정도이다.

　치료사가 되는 과정도 이와 유사하다. 단지 때가 되어서 깨닫게 되느냐 아니냐의 차이점뿐이다.

　결국 다른 사람을 돕는 사람이 되고자 하는 열망 속에는 자기 삶의 의미에 대해 확인받고자 하는 욕구가 깔려 있다. 아픔이 진했던 사람일수록 자기 삶의 의미를 타인(구체적인 사람일 수도 있고 혹은 진리나 신, 자신이 믿는 가치일 수도 있다)을 통해 확인받고자 한다. 그러나 내 아픔 때문에 남의 아픔에 관심을 가지게 되었다는 것은 결코 부끄러운 일도 아니고 회피하거나 부인해야 할 일도 아니다.

치료사가 된다는 것은 아픔에 대해 얼굴과 얼굴을 마주하고 바라볼 수 있는 사람이 된다는 의미이다. 치료사가 되어가는 과정에서 공부가 쌓이면서 자신의 아픔과 아픔의 의미를 만나게 되는 것은 거의 필연적이다. 그렇지 않고 그저 '내가 누군가를 고쳐줘야지, 치료해 줘야지, 도움을 줘야지'라고 말하는 것은 자신을 누르고 있는 아픔의 무게를 다른 곳에 투사시켜 '나는 괜찮아'라고 이야기하는 것일 뿐이다. 자신의 아픔에 대해 이해하지 못하고 다른 사람을 '고치겠다고 나서는' 경우에는 자신에게도, 자신이 만난 그 사람에게도 상처를 주기 쉽다. 왜냐하면 이런 경우에는 상대방을 온전히 이해하기보다 내가 상대를 바꾸고 변화시키는 데에 초점이 맞춰져 있기 때문이다. 물론 좋은 방향으로 바뀌기를 원하는 것이지만, 변화에 대한 열망이 치료사를 삼키기 십상이다. 그렇게 되면 치료사는 자신이 깨닫지 못한 자신의 문제로 인해 상대방에 대해 억지를 쓰게 된다. '너를 위한 일이야'라고 정당화하려 하지만 실제로 그렇지 못할 때가 많다. 상대방은 변화를 머금을 시간이 필요한데, 자기 내부의 문제가 외부로 투사된 치료사는 상대를 기다릴 줄 모른다. 왜 변화하지 않느냐며 다그치거나 짜증이나 분노를 느끼기도 하고 혹은 지레짐작으로 안 되나 보다 싶어서 포기하고 돌아서게 된다.

치료사가 포기하는 환자나 내담자……. 포기를 당해보지 않은 사람들은 그 내담자가 받게 될 2차적인 고통을 이해하지 못할 것이다. 자기 문제가 심한 치료사일수록 자기가 내담자를 포기할 때 그것 역시 내담자에게 도움이 된다고 변명하지만, 사실 그는 자기 감정이 제일 중요한 사람에 지나지 않는다. 변화하지 않는 내담자를 보면서 느

내담자(来談者)
미술심리치료를 받거나 상담을 하기 위해 내담한 환자나 환자의 가족이나 주변 사람들을 '내담자'라 지칭한다.

끼는 절망은 내담자의 상태나 내담자의 미래에 대한 절망이 아니라, 치료사로서 자신의 능력에 대한 절망일 뿐이다. 그래서 그들은 쉽사리 내담자를 포기할 수 있는 것이다. 이 모든 것이 다 그들을 위한 것이라고 생각하면서.

자신의 아픔을 모른 채 남을 고치겠다고 생각하는 사람은, 사람이 사람을 바꾸지 못한다는 진리를 알지 못하며, 내가 바꿀 수 있는 것은 내가 만나는 사람이 아니라 나 자신이며 나 자신의 행동일 뿐이라는 사실을 모르고 있다(혹은 부인하고 있다). 정말이지 사람이 다른 사람을 바꾸거나 변화시킬 수는 없다. 다만 그 사람이 스스로 변화할 수 있도록 분위기를 제공하고, 질문들을 통해서 새로운 시각을 갖도록 도와줄 뿐이다. 변화하느냐 변화하지 않느냐는 결국 그 사람의 몫이다. 치료사는 변화의 분위기와 기후를 제공할 뿐이다.

나의 경우에도 만약 나 자신이 내담자를 바꾼다고 생각했다면, 결코 미술치료사의 한 사람으로 여기까지 올 수 없었을 것이다. 그러나 내가 내담자를 바꾸는 것이 아니라는 점을 깨달았을 때 오히려 나는 내담자의 변화를 지켜볼 수 있었다. 역설적이긴 하지만 그것은 행복한 경험이었다.

그러므로 좋은 치료사가 되려면 자신의 아픔을 먼저 이해해야 한다. 자신의 고통을 이해해야 하고, 자신의 성격 구조를 이해하며 밑바닥까지 가본 후에 다시 바닥을 치고 올라와야 한다.

그 과정은 구체적으로 치료를 받아서 이루어질 수 있고, 진지한 공부와 자기를 찾고자 하는 적극적인 노력, 끈기 있는 수행을 통해 도달할 수 있다. 하지만 학위나 학벌, 수료증, 자격증이 그 과정을 증명해 주지는 않는다.

착한 사람 콤플렉스

치료사 공부를 하는 사람들 중에는 착한 사람들이 많다. 더불어 '착한 사람 콤플렉스'를 가진 사람들도 많다. 그 사람들은 대개 절제 없이 모든 것을 허용하는 자세로 내담자를 대한다. 하염없이 참아주고 인내하기 때문에 해야 할 이야기를 제때 하지 못한다. 그렇게 되면 치료적인 개입이 불분명해지며 내담자와의 관계에서 일방적으로 책임을 지려고 한다. 듣기 좋은 소리만 하기 때문에, 내담자가 정작 들어야 할 말은 해주지 못하고 속으로만 꿀꺽 삼킨다. '이야기할 걸 그랬나 봐' 하면서도 '아니야, 그 사람이 상처받지 않겠어? 어떻게 상처받을 말을 해? 위로해줘야 하는데……'라고 생각하며 치료하는 데 적절하게 개입하지 못한 것을 정당화시킨다. 마치 치료사 자신이 착한 사람, 좋은 사람이라는 것을 내담자에게 인정받기로 작정한 사람처럼 말이다.

내담자가 미술치료를 받는 것은 문제를 해결하기 위함인데, 착한 사람 콤플렉스가 있는 치료사는 문제를 해결하기보다 듣기 좋은 말을 사용해 위로함으로써 문제를 덮고 넘어가버린다. 이들에게 자주 나타나는 생각은 '인격이 치료한다'라거나 '사랑이 치료한다'라는 것이다.

인격이 치료한다? 인격이 치료한다고 생각하는 사람들은 자신의 인격이 고매하기를 바란다. 그리고 인격이 고매하기를 바라는 사람들의 인격은 대개 취약하다. 끊임없이 다른 사람들의 평가에 신경을 곤두세우고 있는 사람들이 많다. 남들이 칭찬해주면 금방 기분이 좋아졌다가도 다소 비판적인 한두 마디 말을 들으면 금세 풀이 죽거나 혹은

> 착한 사람 콤플렉스가 있는 치료사는 문제를 해결하기보다 위로와 듣기 좋은 말을 사용해서 문제를 덮고 넘어가버린다.

분노를 느낀다.

인격이 치료한다거나 사랑이 치료한다는 것은 동의할 수 없는 말이다. 아마도 치료사가 내담자를 만날 때 형성해주는 따뜻한 분위기라든가 허용적 자세를 '사랑'이라고 말하는 것 같은데, 이는 사랑이 아니라 치료사의 전문성에 의해 형성된 치료적 분위기이며 치료적 자세이다. 물론 그렇게 따뜻하고 허용적인 치료사의 태도에는 내담자를 향한 따뜻한 마음 역시 녹아 있을 것이다. 하지만 그러한 '마음'이나 '감정'이 치료한다고 볼 수는 없다. 만약 그렇다면 치료사가 자신에게 힘든 일이 발생하거나 감정적으로 지칠 경우 내담자에게 따뜻한 분위기를 제공하지 못할 것이다. 왜냐하면, '마음'은 본질적으로 일관될 수 없기 때문이다. 치료사의 태도가 따뜻했다가 조금 짜증내는 듯하다가 다시 미안한 듯하면서 지친 듯하고 다시 따뜻해지는 등 일관되지 못하고 기복이 있다면, 차라리 일관되게 냉담한 치료사를 만나는 편이 좋다. 그것이 훨씬 도움이 될 것이다. 적어도 일관되니까.

내담자를 치료할 때 가장 중요한 것은, 치료사의 '기능'이다. 치료사가 제공해주는 기능이야말로 내담자에게 가장 필요한 것이다. 치료사의 전문성이라는 말로도 바꿔 말할 수 있는 이 '기능'은 치료사의 인격과 관련 있기는 하지만 인격과는 다른 종류이다. 자녀 문제로 상담실을 찾는 분이나 자신의 고통 때문에 치료실을 찾는 분은 따뜻한 치료사를 보고 어떻게 생각할까. 대개 '인격이 참 좋은 분인가 보다'라고 생각하지 않을까. 그러나 그렇지 않다. 그것은 인격과는 좀 다른 문제이다. 나도 내가 만났던 내담자에게서 온유한 인격을 지녔다는 이야기를 들었지만 그것은 내 인격이 아니라 그 사람에게 제공한 치료 기능의 일부분일 뿐이다. 인격을 이야기할라 치면, 나는 차를 운전하다

치료사의 '기능'은 치료사의 인격과 관련 있지만 인격과는 다른 종류의 것이다.

가 다른 운전자와 시비가 붙기도 하는 그런 인격을 지녔다. 그렇다면 어느 모습이 내 인격을 보여주는가? 아마도 평상시의 모습일 것이다.

예를 들어 차갑고 비판적인 어조로 이야기해서 내담자를 위축시키는 치료사가 있다. 그 사람 인격에 문제가 있는가? 그럴 수도 있겠지만, 더 정확하게는 치료에 미숙하거나 전문성을 잃은 사람일 뿐이다. 진지한 표정과 따뜻한 목소리로 변함없이 내담자를 맞아주는 치료사가 있다. 그가 비판적인 어조를 사용하지 않는 것은 내담자를 사랑하기 때문인가? 아니다. 내담자를 내담자로 받아들이고, 자신이 치료사로서 내담자를 만나고 있다는 것을 누구보다도 잘 알고 있기 때문이다. (그럼에도 불구하고 '사랑'이라는 단어가 좋다면, 사랑의 감정적 측면보다 사랑의 행동적 측면을 부각시켜 치료사로서 자신의 임무를 올바로 완수해야 한다.)

사람을 만나는 일은 참 소중하다. 그리고 참 힘들다. 더욱이 상한 마음을 안고 온 사람들을 만나는 일인데 오죽 소중하고 오죽 힘들겠는가. 그런데 치료사라고 해서 자신의 감정이 의지대로 움직이는가? 그저 사랑해야지, 잘 해줘야지, 다짐한다고 해서 내담자에게 한발 더 다가갈 수 있고 더 따뜻하게 해줄 수 있는가? 결코 아니다. 자신의 행동에 대해서 '치료사답게 행동할 것'을 제어해나갈 때 일관된 모습으로 변함없이 내담자를 따뜻하게 대할 수 있다. 왜냐하면 따뜻하게 대하는 것이 내담자가 자신의 문제를 돌아보고 이해하며 변화해나가도록 이끌어준다는 것을 알기 때문이다.

그러므로 내담자를 치료하는 것은 치료사의 '감정'으로써가 아니다. 그것은 그가 전문적 역할을 담당하는 한 일관되게 유지하며 제공하는 '기능'이어야 한다.

슈퍼비전(supervision)
초보 치료자가 전문가의 지
도를 받는 시간

슈퍼바이저(supervisor)
초보 치료사를 이끌어주는
감독자

사랑은 치료하지 않는다. 사랑은 때로 상처를 주기도 하고 실수를 하기도 하며 책임을 지고 함께하는 것이지, 결코 치료하는 것이 아니다. 정말 사랑한다면, 차라리 그 내담자를 데리고 살기를 권하겠다. 내담자가 아동이든 청소년이든 혹은 성인이든, 그 내담자를 사랑으로 치료한다고 믿는다면, 그 내담자를 가족의 일원으로 받아들여야 한다.

사랑은 그 단어가 갖는 진중함과 무게 때문에라도 함부로 쓸 수 있는 말이 아니거니와, 치료를 하면서 치료사를 설명하는 용어로 사용하기에는 부적절한 말이다.

내가 미술치료를 공부하는 동안 슈퍼비전 받을 때의 일이다. 나는 슈퍼바이저에게 그 당시 내가 가장 고민스러워하던 질문을 했다. 그 질문의 내용은 내가 환자나 내담자를 만나면서 내가 이들보다 더 나은 점이라든지 이들과 다른 점을 발견하기가 힘든데, 무엇 때문에 내가 '치료사'라는 이름으로 이들을 만날 수 있느냐였다. 그때 그 슈퍼바이저는 "네가 그 사람들을 만나는 것은 네가 치료사로서 역할을 수행하기 때문"이라고 말했다. 즉, 치료사로서 기능을 수행하는 것이지 다른 이유는 없다는 것이었다. 이후에 치료를 해나가면서 내담자들을 만날 때마다 그 말의 의미가 새롭게 해석되면서 얼마나 많은 도움을 주었는지 모른다.

치료사의 기능이라는 점을 이야기하려면, 내담자와의 관계를 조금 더 이야기해야 할 것 같다. 그런 맥락에서 다음에 나오는 주제는 치료사와 내담자가 친구가 될 수 있다는 생각에 대한 것이다.

내담자와 친구가 되다?

내담자와 친구가 된다고 하는 사람들은, 자신이 전문성이 없거나 내담자에게 무언가를 해주는 것이 없다는 불안감을 '친구가 된다'라는 말로 무마하려고 한다.

정말 친구라면, 두 사람의 관계가 같은 높이에 있어야 한다. 서로 간의 주고받음이 상호성을 전제로 하지 않는 '일방적'인 관계라면 참된 의미에서 친구라 할 수 없다. 그런데 치료사와 내담자의 관계는 어떠한가? 치료사가 내담자에게 자신의 모습을 있는 그대로 보여줄 수 있는가? 자신의 기분에 따라 대하는 태도를 달리해도 되는가? 기분이 울적할 때 '오늘 왠지 심란해'라는 말을 내담자에게 하고, 내담자는 '왜요, 무슨 일인데요, 이야기해보세요'라고 할 수 있는가? 만약 그렇다면 그 관계는 이미 전문적인 치료 관계가 아니다. 그건 친구 관계이다.

내담자가 치료사를 만나는 이유는 자신의 문제와 어려움을 해결하는 힘을 얻기 위해서이다. 치료사는 친구 같은 분위기를 형성해서 내담자가 최대한 편안하게 이야기하고 자신을 돌아보게끔 해줄 수 있지만, 엄격한 의미에서 이는 결코 친구 관계가 아니다. 치료사는 환자나 내담자와 친구가 될 수 없으며, 되어서도 안 된다.

치료가 진행되고 있는 동안 온전히 치료사가 자신의 기능을 수행하기 위해서라면 친구라는 모호한 관계는 지양해야 한다. 관계가 모호하면 치료사가 자신의 행동에 규준을 잃게 된다. 그러면 정해진 치료 시간을 훨씬 넘기기도 하고 하루 종일 전화에 매달려 있기도, 혹은 바깥 장소에서 만나기도 한다. 치료사가 이런 방식으로 내담자를 만나게 되면, 내담자들은 끊임없이 치료사에게 일방적인 대화(일방적인데 그것이 대화라니!)를 하고, 정서적인 지지를 요구하고 때로 눈물을 보이며 기대고 무너진다. 만약 치료사가 치료해야 할 내담자가 한 명이라면 어떻게 하든 괜찮을지도 모른다. 한 명과 24시간 얼굴을 본다고 해서 치료사가 무너지지는 않을 것이다. 하지만 치료사가 만나는 내담자가 여러 명이 되면, 이러한 치료적 관계는 치료사에게 엄청난 부담이 되고, 결국 치료사를 벼랑 끝으로 몰고 가게 된다. 그렇게 되면 치료실에서 나눈 대화조차 흔들리게 된다.

또, 치료가 끝나고 난 다음에 친구로 남는다는 것은 내담자를 위해서 좋지 않은 일이다. (아는 사이로 남을 수는 있다.) 왜냐하면 친구로 남은 내담자는 그 치료사 친구에게 의존하게 되기 때문이다. 의존성을 이런 방식으로 극대화시키는 것은 치료의 목적이 아닐 것이다.

어쩌면 이러한 '치료적 관계'가 우리나라 정서에서 너무 딱딱하게 느껴지고 차갑게 비쳐질지도 모르겠다. 하지만, 나는 치료적 관계를 두루뭉술하게 그저 '친구'니 '사랑'이니 하는 말로 부르는 것보다는 자신의 역할과 기능에 대해 스스로 분명하게 선을 긋고 내담자를 만나는 것이 훨씬 더 치료적이라고 생각한다. (선을 긋는다는 말이 차갑게 들린다면, 치료사의 '절제' 능력이라고 하고 싶다.) 그리고 선이 분명할수록 내담자에게 더욱 따뜻한 사랑의 분위기를 조성해줄 수 있다. 왜냐하면 치료사가 더 이상 '내가 착한 치료사가 되어야 한다'라는 압박감을 받지 않고 치료실 바깥에서의 만남조차 치료적으로 들어주면서 허덕이지 않아도 되기 때문에, 치료 시간만큼은 온전히 집중해서 내담자를

내담자에게는 치료사 같은 친구보다는, 친구 같은 분위기를 제공해줄 수 있는 치료사가 필요하다.

대할 수 있기 때문이다.

내담자에게는 치료사 같은 친구보다, 친구 같은 분위기를 제공해줄 수 있는 치료사가 필요하다. 나는 내담자에게 참된 치료사가 되고 싶지, 돈을 받고 만나는 친구가 되고 싶진 않다.

인정받고 싶은 욕구

치료사가 내담자의 요구에 무분별하고 무제한적으로 부응하고자 하는 것은 인정받고자 하는 욕구 때문이다. 내담자의 유익을 위한 것이라고 스스로 변명할지 모르지만, 자신이 해야 할 일 이상으로 내담자에게 부적절한 과잉 친절을 베풀고 있다면 이는 자기 자신을 위한 것이다.

하지 않아도 될 일(예를 들면, 치료 시간이 끝났는데 한 시간 이상 더 이야기를 듣고 있다든지)을 내담자에게 해주는 것이 왜 자기 자신을 위한 것인지 일례를 들어 이야기하면, 그 행동을 치료가 끝날 때까지 꾸준하게 계속해주지 않기 때문이다. 어떠한 치료사라 하더라도 자신이 해야 할 일 이상을 꾸준하게 내담자에게 해줄 수 없다. 결국 중도에서 그만두게 된다(앞서의 예라면, 어제와는 달리 치료 시간이 끝나자 오늘은 10분도 더 들어주지 않는다든지). 이럴 경우, 내담자는 배신감이나 섭섭함, 분노를 경험하게 된다. 사실은 이전에 치료사가 해준 일에 대해 고마움을 느껴야겠지만, 실제로 내담자는 해주지 않는 서비스에 대해 분노를 느낀다. 그러므로 치료사는 처음부터 자신의 만족을 위한 서비스가 아닌, 내담자를 위한 서비스를 할 수 있어야 한다. 내담자의 요구에 무절제하게 부응하는 것은 인정받고자 하는 자신의 욕구를 위한 것일 뿐이다. 그렇지 않다면, 끝까지 꾸준하게 서비스해야 한다.

인정받고자 하는 욕구. 그것만큼 자연스러운 것도 없다.

사람에 대한 관심은 치료사가 되고자 하는 사람들에게서 평균치보다 훨씬 높고 강하게 드러난다. 그리고 사람들에게 인정받고자 하는 욕구 역시 강하다. 만약 사람들에게 인정받고자 하는 마음이 없다면 선한 일, 좋은 일, 칭찬 받을 일을 하지 않을 것이고 치료사도 되지 않았을 것이다. 하지만 인정받기를 원하는 대상이 자신의 내담자여서는 안 된다.

그렇다면 치료사 인격은?

앞에서 서술한 이 모든 이야기가 '치료사 인격은 아무래도 괜찮다'라는 말로 들리지는 않았으리라 생각한다.

치료사의 인격은 중요하다. 그러나 그 인격은 자신의 내담자에게 인정받는 것이 아니라, 반드시 자신의 일상생활에서 인정받아야 한다. 자신의 삶 가운데에서 일상적으로 만나는 동료들, 상하관계로 만나는 사람들, 친구들, 선후배들, 그리고 무엇보다 가족들에게서. 이들에게 인격을 인정받을 수 있도록 하루하루 자신의 삶을 성실하게 완성시켜

나가야 한다.

아울러 자기 자신에 대해서 용서할 수 있는 마음 또한 필요하다. 왜냐하면 인격이 완성된 완벽한 사람은 없기 때문이다.

아니오, 라고 이야기해야 할 때

환자나 내담자와 만나다 보면 '아니오'라고 거절해야 할 일이 생기기 마련이다. 치료적 관점에서 도움이 되지 않거나 오히려 해가 될 법한 일인 경우에는 거절해야 한다. 거절할 때는 거절하는 말을 분명하게 해야 한다. 단, 비판적 어조로 말하지 않도록 주의하면서. 만약 거절이 내담자에 대한 비판이나 일종의 처벌처럼 사용된다면, 그 치료사는 아직 미숙한 상태이다.

거절하는 말을 하기 어렵다면, 왜 어려운지에 대해서 생각해보아야 한다. 어쩌면 '착한 치료사 콤플렉스'가 있을 수 있다. '내가 치료사인데, 좋은 이야기를 해주어야 하고, 늘 좋은 얼굴이라야 하고, 거절도 안 해야 하고……'라는 생각들이 그것이다.

하지만 치료사는 치료적 기능을 위해 존재한다. 좋은 어머니를 비유로 들어보자면, 자녀에게 하염없이 그저 허용해주기만 하는 어머니는 좋은 어머니가 아니다. 때로는 자녀를 엄하게 야단치기도 하고 자녀의 요구를 거절하기도 하는 어머니가 좋은 어머니이다. 그러한 야단침과 거절에는 분명하게 규칙들이 있고 그 규칙들은 대체로 시간이

지나도 유지된다. 마찬가지로 치료사도 치료적 규칙들을 가지고 내담자에게 규칙을 말해주어야 하며, 그 규칙에 따라서 거절할 때는 분명하게 거절해야 한다.

믿고 기댈 수 있는 관계, 라포

이번에는 '라포rapport'에 대해 이야기해보자. 치료사와 내담자 간의 치료적 관계에 의한 신뢰감을 라포라고 부른다. 이 라포가 형성되는 데 다소 오랜 시간이 걸리는 것처럼 생각하는 사람들이 있다. 그래서 치료 회기에 대해 계획을 짜오라고 하면 1회기 소개, 2~5회기 라포 형성, 이런 식으로 계획을 잡는 경우를 보게 된다.

여기서 잠깐 독자에게 묻고 싶다. 사람을 만났을 때 그 사람에 대한 감정, 혹은 느낌, 인상은 얼마 만에 형성되는가? 대개는 첫인상에서 많은 부분이 결정되고, 서로 어떤 대화를 나누는가에 따라 첫인상이 수정되면서 상당 부분 그 사람에 대한 평가가 진행된다.

치료 관계에서도 마찬가지이다.

대개 처음 만남에서 첫 5~10분 동안 내담자는 치료사에 대한 느낌과 평가, 해석까지 일사천리로 모두 끝낸다(치료사는 이제 내담자를 조금씩 알아가기 시작했는데, 이 얼마나 놀라운 일인가!). 이미 내담자는 '이 치료사는 나를 이해하겠다, 못 하겠다' '이 치료사를 믿어도 되겠다, 안 되겠다'에 대한 자기만의 평가서를 머릿속에 다 쓴 것이다. 물론 몇

주 혹은 몇 달에 걸쳐 함께 만나면서 그 마음속의 보고서는 수정되기도 하고 바뀌기도 하겠지만, 처음 몇 분간 혹은 첫 회기가 어느 만큼 중요한지는 말로 다 할 수 없을 정도이다.

그렇다면, 첫 만남에서 어떻게 해야 하는가?

라포에서 핵심은 무엇인가?

라포를 제대로 형성하는 데 가장 중요한 것은 치료사의 전문성이다. 치료사가 어느 만큼 따뜻하게 내담자를 맞이하는가, 진지한 자세로 경청하는가, 깊은 곳에서 공명된 울림으로 공감하는가, 내담자가 가진 문제의 구조를 어떻게 이해하고 어떻게 파악하며 어떠한 치료적 개입을 통해 구체적으로 도움을 줄 수 있는가 하는 요소는 모두 치료사의 전문성이라는 단어로 묶인다. (이 전문성은 무슨 자격증이 있다든가 어느 대학을 졸업했다든가 하는 것으로 증명할 수 있는 것이 아니다.)

첫 만남, 그리고 첫 만남의 첫 부분에서 어떻게 그러한 전문성을 전달할 수 있느냐 하는 점은 치료사에 따라 매우 다를 것이다. 하지만 전문성은 하나의 분위기요 공기이며 흐름이다. 따라서 치료사가 의도하지 않더라도 자신의 깊이가 쌓이면서 자연스럽게 우러나는 전문성의 향기가 생길 터이다.

덧붙여 치료를 공부하면서 가장 많이 배우게 되는 전문성은 '진솔함'이다. 무엇을 어떻게 진솔하게 이야기할 것인가는 결코 책 한 권 분량으로 다룰 수 있는 이야기가 아니다. 하지만 핵심만 말하자면 '진솔성'이란 치료사의 역량이나 개인적 스트레스로 인해 왜곡된 감정이 아니다. 그것은 잔잔한 수면처럼 내담자를 비출 수 있는, 치료사의 내담자에 대한 느낌이며 이 느낌을 진솔하게 내담자에게 전달하는 것이다. 또한 내담자가 가져온 문제에 대해 그 문제의 구조와 문제에 얽

전문성은 하나의 분위기요 공기이며 흐름이다.

힌, 함축된 것들을 치료사가 파악하고 이해하며 내담자가 이해하도록 이끌어주는 협력적 분위기가 치료사가 제공하는 '진솔성'이다.

이러한 참된 진솔성이야말로 치료사가 갖추어야 할 전문적 능력이며 가장 큰 치료 효과를 가져다주는 것이다.

어떤 치료사가 되고 싶은가?

이 질문에 대해 대답하려면, 이른바 역지사지 기법을 써야 한다. 만약 내가 상담을 받는다면 어떤 치료사를 만나기 원하는가? 미술치료를 공부하는 사람들에게 이 질문을 던지면, 내 이야기를 잘 들어줄 치료사, 나를 따뜻하게 이해해주는 치료사, 내 문제를 듣고 무엇이 잘못된 것인지 파악해줄 수 있는 치료사, 나를 지나치게 가르치려들지 않는 치료사, 내 문제를 해결하는 데 도움을 주는 치료사를 원한다고 대다수가 공통적으로 이야기한다.

결국 우리가 되길 원하는 치료사는 내담자를 제대로 이해하고 일관되게 받아주며 따뜻하게 존중해주고, 그가 가진 전문 지식과 능력으로 내담자의 문제를 해결하도록 도와주는 사람이다.

미술치료사라면

미술치료사가 되는 사람들은 매우 다양한 경로와 계기에 의해서 다양한 모습의 미술치료사가 된다. 하지만 이들 모두에게는 적어도 한 가지 공통점이 있다. 바로, 미술을 좋아한다는 점이다.

미술학원에서 아동을 가르치면서 미술치료에 관심을 갖는 선생님이나 상담소에서 내담자를 만나면서 미술치료에 관심을 갖는 치료사나 삶 속에서 우연히 미술치료라는 단어를 듣고 마음이 끌리게 된 사람 등, 이들은 모두 미술을 좋아하는 사람들이다. 이들 중에는 미술에 소질이 있는 사람도, 그렇지 않은 사람도 있을 수 있다. 그러나 이들의 공통점은 모두 미술을 좋아하고 관심이 있다는 것이다.

그런데 왜 미술 교사가 되거나 미술치료 공부를 시작하고 나면, 혹은 미술치료사가 되고 나면 더 이상 자기만을 위한 미술 과정을 하지 않는 걸까?

미술치료사는 누구보다도 자기 자신을 위한 미술 과정을 계속 체험해야 한다. 한 달에 한 번 이상은 스스로 자신을 위한 미술 작업을 해야 한다.

주리애, 「휴식」, 캔버스에 유채, 60×72cm, 2012

변화하려는 마음이
가장 중요해요

(주: 주리애, 윤: 윤수현)

주 정신과에서 직접 미술치료를 담당하고 계신 선생님을 뵙게 되어 반갑고 기쁩니다. 선생님은 학부에서 서양화를 전공하고 대학원에서 미술치료를 공부하셨지요. 그렇게 선택하기까지 어려운 점은 없었나요?

윤 저는 그림이 주는 심리적 안정감이 좋고 또 사람들과 이야기하는 것을 좋아해서 미술치료에 관심을 가지게 되었어요. 미술과 치료라는 두 분야가 접목된 것이 굉장히 매력적이었고요. 하지만 미술치료를 공부하면서 치료사가 된다는 것에 대한 부담도 많았어요. 과연 제가 사람을 변화시킬 수 있을까 하는 의구심도 컸고, 제 인격의 부족한 부분이라든지, 공부하면서 제 마음속의 상처들을 발견할 때마다 어렵고 힘들게 느껴졌어요.

주 공부하면서 좋았던 순간들은 언제였나요?

윤 임상 실습 때가 기억이 나네요. 그냥 책으로 공부하는 것과 실제로 현장에서 사람들을 만나는 것은 많이 달랐어요. 실제로 임상을 겪으면서 공부가 살아 있는 것으로 느껴졌지요. 그래서 더 좋은 치료사가 되고 싶다, 더 많은 내담자를 만나고 싶다고 느끼게 되었어요.

물론 미술치료 공부라는 건 이론과 실제 모두 중요합니다. 대학원에서 미술치료로 석사학위를 받았을 때 뭐랄까, 자격증은 땄지만 제 안에 뭔가 비어 있다는 느낌이 들었어요. 과연 제가 이대로 현장에 가서 사람을 만나고 치료할 수 있을까, 그런 느낌이요. 그때 이론적인 공부는 골격이 되어주었지요. 안전하게 지탱하고 설 수 있는 지지대 같은 것이요. 그 지지대 위에 살을 입히고 옷을 더하는 것이 바로 임상인 것 같아요.

주 그렇군요. 이론과 임상이 균형을 잡는 게 중요할 것 같아요. 선생님, 지금 정신과에서 일하고 계신데 그곳에서의 역할을 소개해주세요.

윤 저는 주로 청소년과 성인을 대상으로 한 미술치료를 담당하고 있어요. 제가 주로 만나는 청소년들은 말로 하는 상담을 할 때에는 "그냥요"라거나 "별로 하고 싶은 이야기 없어요"라는 말을 자주 해요. 그래서 저는 미술을 통해 청소년들이 자신의 마음속 이야기들을 풀어내도록 돕고요, 제가 그들의 그림에서 보고 느낀 것들을 이야기해주면서 조금씩 더 마음을 열도록 도와주고 있어요.

주 혹시 구체적인 예를 소개해주실 수 있을까요?

윤 미술치료를 받으러 오는 청소년들은 대개 삐딱한 자세로 오거나 아니면 눈치를 많이 봐요. 진단을 위해 그림을 그려보라고 하면 대충 그리고 나서 "저 그림 잘 못 그려요" 이렇게 말해요. 그래서 저는 그런 청소년이 따라서 그리기에 어렵지 않은 명화를 선택해서 그것을 그려보도록 도와줍니다. '눈[目]' 그림을 선택한 한 내담자는 타인의 눈치를 많이 보는 아이였어요. 부모님이 많이 엄격하고 칭찬에 인색한 분들이셨는데, 그러다 보니 분노가 많고, 겉으로는 폭력을 휘두르고 있지만 사실 인정받고 싶은 마음이 큰 아이였지요.

주 그림에 눈이 있네요. 평가할 때 눈으로 바라보는 것이 떠오릅니다.

윤 네, 그림을 보시면 아시겠지만, 이 내담자는 그림을 매우 집중해서 열심히 그렸습니다. 내담자는 캔버스를 처음 접해보았는데, '신기하네, 한번쯤 해보고 싶다'라는 마음이 들었다고 해요. 그리고 다 그렸

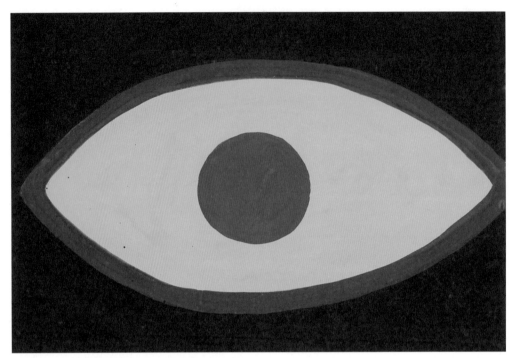

캔버스를 이용하면 작품의 몰입도가 높아질 수 있다.

을 때 "정말 근사한 작품 같은데"라고 하면서 성취감을 맛보았어요.

주 사실 캔버스는 미술치료를 하면서 자주 사용하게 되는 재료는 아닌 것 같아요. 뭐랄까, 약간 전문적인 미술이라는 느낌이 들어서 쉽게 접근하지 못한다고나 할까요?

윤 네, 맞아요. 캔버스를 사용하면 대개 "어, 나는 미술 전공자가 아닌데"라면서 겁을 내기도 해요. 그렇지만 일단 시작하게 되면 작품에 더 몰입할 수 있게 되는 측면도 있어요.

주 처음 시도해보는 것이 중요하군요.

윤 물론입니다. 그리고 그것은 청소년을 대상으로 미술치료를 진행할 때에도 마찬가지인 것 같아요. 제가 청소년을 만나면서 느낀 것은 변화를 위한 시도를 한다는 게 중요하다는 점이에요. 흔히들 '정말 저렇게 거친 아이들도 희망이 있을까? 도대체 무슨 생각을 하고 사는 거지? 요즘 어린 아이들은 너무 생각이 없어'라고 해요. 하지만 제가 만나본 아이들은 대부분 자신의 인생을 잘 꾸려 가고 싶은데 그것이 잘 안 되어서 우울해 하고 여러 가지 문제 행동을 만들고 있었어요. 그래서 그림에 나타난 그러한 마음을 알아주고 이해해주는 것이 변화를 위한 발걸음이 되었지요. 그렇게 차츰 아이들이 달라지는 모습을 볼 때는 정말 보람이 있어요.

주 그렇군요. 그림을 통해 상대를 이해하고 진심으로 대화하는 것이 새삼 소중하게 느껴집니다. 선생님, 오늘 귀한 말씀 감사합니다.

윤수현 디딤 정신과 미술치료사

서울여자대학교 특수치료 전문대학원 표현예술 치료학과 미술치료 석사
국립 정신병원, 송파중학교, 강일중학교, 중암중학교, 태화복지관, 반포 사회복지관, 세브란스 병원, 원자력병원, 김포 연세 언어교육원 등에서 미술치료사로 활동
이메일: happy1020@hanmail.net

예술이 소통의 디딤돌이
되길 바라며

(주: 주리애, 김: 김현진)

미술치료를 공부하는 사람들의 꿈 중 하나는 '내가 가진 치료적 이상을 실현할 수 있는 치료 센터를 운영하고 싶다'라는 것이 아닌가 한다. 김현진 소장님은 치료 센터를 운영하면서 미술치료를 바탕으로 한 다양한 활동을 펼치고 있다.

주 안녕하세요, 선생님. 하시는 여러 일들 중에서 먼저 치료 센터에 대해 여쭤보겠습니다. 센터를 운영하신 지 벌써 여러 해 되었는데요, 하시면서 느낀 점이라면 어떤 것이 있을까요.

김 아마 미술치료를 공부하는 분들은 누구나 본인의 센터를 운영하는 것에 대한 꿈을 가지고 있을 겁니다. 치료 센터를 열고 거기서 사람들을 만나면서 내가 가진 가치와 이상을 실현하겠다, 라는 꿈이요. 그런데 실질적으로 운영을 하다 보면 미술치료사의 역할 외에도 경영자로서의 역할이 필요합니다. 사람을 모으고 홍보를 하고, 또 미술치료나 전문적인 서비스에 대해서 알려야 하는 등 여러 가지 실질적인 문제들이 있어요.

주 센터로 내방하는 개인이나 단체의 치료뿐만 아니라 기업들을 대상으로 출강 수업도 진행하신다고 들었습니다.

김 처음에는 저희도 센터로 오시는 분들만 만났지요. 그러다가 직접 밖으로 나가 설명도 하고 보여드리기도 했어요. 사실 미술치료는 함께 나눌 수 있는 것이 많잖아요. 그래서 회사나 기관, 복지의 혜택을 잘 받지 못하는 소외된 지역까지 찾아다녔습니다. 시대가 바뀌고 치유가 중요한 개념이자 사회적 가치로 떠오르면서 저희에게 기회가 많이 생겼어요. 처음에는 한 중소기업에서 직무 스트레스가 높은 직원들을 대상으로 미술치료를 진행했습니다. 치료에 참여한 분들이 미술치료 과정의 창작 활동을 통해 자기 자신을 바라보고 스스로를 돌보게 되면서 사원 간의 응집력도 높아지고 스트레스가 해소되어 생산력도 향상된 결과를 낳았습니다.

주 정말 의미 있는 일이군요. 선생님, 제가 듣기에 뭐랄까요, 기존의 미술치료의 대상이 많이 확대되는 것으로 보이네요. 학교나 복지관, 병원 같은 시설뿐 아니라 기업이 대상이 된 것도 그렇고요. 또, 심리적으로 문제가 있거나 심각한 장애가 있는 사람뿐 아니라 일상적인 수준의 스트레스나 평범한 심리 상태도 미술치료를 통해 개선되어 더 좋은 결실을 얻는 게 그러하네요.

김 네, 그렇습니다. 예전에는 회사가 사원 한 명 한 명의 감정 상태를 돌볼 틈이 없었지만, 요즈음은 스트레스를 관리하고 정서적인 문제를 예방하는 차원에서 미술치료 프로그램을 활용하는 것 같아요.

주 일반 직장인 중에는 미술을 잘 못하는 사람들이 많을 것 같은데요. 성인이라서 미술 활동을 조금 어색해하기도 할 것 같은데 어떤가요?

김 처음에는 '이게 뭐하는 거지?' '이 바쁜 시간에 왜 이런 걸 하지?'라는 반응도 있었어요. 그런데 미술치료에 대해 소개하고 보여주면 조금씩 호기심을 보입니다. 그러면서 자기표현의 기회를 가져요. 자신의 감정에 대해 어떻게 표현해야 하는지 막혀 있다가 창의적인 미술 매체, 미술 창작 활동을 통해 표출해내면서 기쁨도 누리고요. 참여한 사원들은 서로의 처지와 갈등에 대해 조금씩 알아가면서 치료 시간에 몰두하게 되지요. 그러면서 "미술은 정말 마술 같아요"라고 해요.

주 2011년에 연평도에서 진행하셨던 치유 작업에 대해서도 들려주세요.

김 2010년 말에 연평도 포격 사건이 있었지요. 그때 포탄이 날아와서 주민들이 살고 있던 생활 터전이 쑥대밭이 되었습니다. 저희가 예술 치료를 진행하기 위해 찾아간 김포의 한 아파트에는 140여 명의 아이들을 포함해 모두 800명 정도의 주민이 긴급 이주해 있었습니다. 저희는 아이들을 돌보는 일을 맡았지요. 가서 만난 아이들은 두려움과 불안이 컸어요. 사실, 아이들의 보금자리가 파괴되었다는 것이나 위협을 받는다는 것, 거기에 더불어 낯선 곳에 와서 낯선 사람들과 함께 생활한다는 2차적인 스트레스까지 겹쳐 있었지요. 저희가 처음 그곳에 갈 때에는 열두 번 회기를 진행하는 것으로 이야기가 되었는데요, 가서 보았을 때 열두 번으로는 부족할 것 같았어요. 그래서 한 달간 쉬지 않고 매일 우리가 할 수 있는 최선을 다해보자, 이렇게 마음을 정했지요. 아이들의 어려움이 예술치료를 통해 조금이나마 해소가 된다면 정말 우리가 치료사로서의 역할과 소임을 다한 것이 아닐까 생각했어요. 그래서 한 달간 미술치료와 더불어 무용치료, 연극치료를 통합해서 통합 예술치료를 진행했습니다.

주 우리 예술치료계에 고무적인 소식이네요. 연평도 사건은 국가적으로 큰 위기 상황이었고, 정신적인 외상을 입은 사람들을 돕는 데에 미술치료가 함께 사용되었다는 것이 의미 있는 일입니다.
선생님께서는 몽골에 미술을 통한 치유 작업을 전해주셨다고 들었어요. 그 이야기도 부탁드려요.

연평도 프로젝트　　　　　　　　　　몽골의 아이들과 진행한 미술 작업

김 수년 전인데, 모 기업에서 후원을 해주셔서 몽골에 가서 미술치료를 진행했어요. 좁은 의미의 문제 중심 치료가 아니라, 넓은 의미의 예술 활동이었어요. 몽골에 있는 아이들은 물질적인 혜택은 부족하지만 심리적으로는 건강한 편이거든요. 그런데 예술 활동을 할 기회는 별로 없었던 거죠. 그곳에 가서 아이들과 만나 미술 작업이랑 몸동작을 사용해서 자기표현법을 활성화시키는 형식으로 프로그램을 진행하고 왔어요. 사실 다른 나라이고 언어도 통하지 않지만, 예술을 통해 전혀 낯설지 않게 아이들과 함께 시간을 보낼 수 있다는 점이 참 고무적인 경험이었지요.

주 미술은 정말 사람과 사람을 이어주는 힘이 있는 것 같아요. 말씀을 들으면서 드는 생각은, 선생님은 미술치료사이면서 치료의 범위를 넓게 잡으시고, 또 미술치료의 지평을 확대해주시는 것 같아요. '예술과 인간 개발'이라는 사단법인도 설립해서 이끌어가시는 것으로 아는데요, 그 부분을 좀 말씀해주세요.

김 짧게 말씀 드리면, 2000년도 초반에 지금 센터에 계시는 여러 미술치료 선생님들과 함께 신림동의 한 놀이방으로 봉사를 간 적이 있습니다. 그것이 모태가 되어서 후원회를 만들고, 미술치료사를 비롯해서 여러 지인들을 통해 기부도 받게 되었어요. 그런데 이렇게 진행을 하다 보니, 여기저기에서 필요하다는 요구들이 들어왔지요. 그래서 이러한 나눔을 좀 더 본격적으로 해보자는 취지 아래 지인들과 함께 사단법인을 만들게 되었습니다. 그렇게 해서 봉사활동과 후원 접수를 좀 더 조직적으로 하게 되었어요. 일회성 봉사가 아니라 어떤 체계를 갖추어서 지속적으로 추진하게 된 것이지요. 예술, 미술을 통해 사회에 어떤 영향을 끼칠 수 있을까 생각해보니 이러한 조직이 필요하다는 결론에 이르렀지요. 일례로, 저희가 계속 미술치료사와 무용치료사, 연극치료사 선생님들을 보내는 소년원이 있는데요, 돌봄이 필요한 아이들을 꾸준히 보살필 수 있다는 게 중요하지요. 이런 형식으로 예술이라는 것 자체가 하나의 매개체가 되어서 소통의 장이 될 수 있고 만남의 장이 될 수 있다고 믿어요. 그래서 전 그러한 미술치료의 영역을 조금 더 넓혀 가고 있는 중입니다.

주 말씀만 들어도 정말 멋집니다. 선생님께서 하시는 일은 정말 미술치료 분야에 의미 있는 작업이라고 생각해요. 대개 미술치료에 관심 있으신 분들이 성향상 내성적이거나 개인주의적인 분들이 많은데요, 그래서 어떤 체계를 갖추거나 기관 대 기관으로 일을 한다, 혹은 국가에 어떤 요청을 한다는 것을 멀게 생각하는 경우가 많은 것 같아요. 물론 우리가 한 사람을 만나서 그 사람과 깊은 심리적인 작업을 하고 변화시키는 것도 소중하지만, 조금 더 큰 체계라든가 기관, 국가적인 단위에서 좋은 영향력을 발휘하는 것도 소중한 일이라 믿습니다. 그런 일에 애쓰시는 분이 계시다는 것만으로도 우리 마음이 뜨거워지고 용기도 생기네요.

김 감사합니다. 더 열심히 하겠습니다.

김현진 (주)아트앤마인드 대표, (사)예술과인간개발 상임이사, 한국융이안사이코드라마협회 이사 겸임

서울여자대학교 특수치료 전문대학원 표현예술 치료학과 미술치료 석사
국립 정신병원, 강남 정신보건센터, 아산병원, 세브란스 병원, 하나원 탈북자 정착지원 시설 , 능인 종합사회복지관, 서강대학교 평생교육원 등에서 미술치료사로 활동
홈페이지: www.artandmind.co.kr
이메일: caco88@hanmail.net

02

미술치료

눈물이 모든 것을 설명해주지는 않는다. 그러나 눈물 없이 치료를 경험하기는 힘들다. '눈물만'이라고 이야기한다면, 그건 아닐 것이다. 하지만 눈물을 흘려보지 않고, 통곡해보지 않고 어떻게 심연 속에서 서서히 떠오르는 것을 느낄 수 있을까. 그렇게 떠오르는 동안 마음을 둘러싼 포장의 벽과 냉소적 기운 이 벗겨지기도 하고 새로운 모습이 세워지기도 한다.

미술치료 엑기스

　미술치료사가 아동을 만나느냐 청소년 혹은 성인을 만나느냐에 따라 구체적인 미술치료의 방법은 달라질 수 있다. 하지만 어떠한 대상을 만나든 미술치료를 통해 치료가 되는 바탕은 미술 작업에 있다.

　그렇다면 그저 뭔가를 그리거나 만들기만 하면 치료가 되는가? 그렇지 않다. 치료적 효과가 있는 창조 활동은 꼭 한 가지 특징이 있다. 지금 만나는 환자와 내담자에게 미술치료의 효과가 있는지 알아보려면 아래 질문에 대답할 수 있으면 된다.

그가 몰두하는가?

　그가 몰두할 수 있다면, 그 안에는 창조성, 즉 치료적 효과를 일으키는 창조성이 존재한다는 뜻이다. 몰두하지 않는 미술 과정은 치료적 효과를 보기 힘들다. 환자나 내담자가 마지못해 참석하여 다소 심드렁한 자세로 그림을 그린다면 설사 그의 그림이 병적인 모습들을 잘 드러낼지 몰라도 치료적 효과는 그다지 높지 않을 것이다. 미술치료를 통해 치료가 되었다면, 그것은 내담자가 미술 과정에 몰입할 수 있었기 때문이다.

　미술 과정에 몰두하기 위해서는 그가 미술 과정에 재미를 느껴야 한다. 물론 이때 '재미'의 의미는 반짝이는 재료를 사용했거나 오락 기법을 응용해서 얻는 따위의 재미를 말하는 것이 아니다. 그보다는 몰두의 깊이와 집중을 말하기 위해 사용한 용어라고 이해해야 한다. 재미있지 않으면 그는 몰두할 수 없다. 단순한 팔 동작을 계속해서 위아래로 10분 동안 선을 긋는다 하더라도 선을 긋는 그 사람만 몰두하고 있다면, 이는 적어도 그리고 있는 그 사람에게는 재미있는 활동이며, 몰두하기 때문에 창조적 에너지가 돋보이는 활동이고 치료적 효과가 있는 작업이다.

미술치료를 통해 치료가 되었다면, 그것은 내담자가 미술 과정에 몰입할 수 있었기 때문이다. 가장 중요한 것은 다름 아닌 미술 과정이다. 미술 과정에서 생기는 창조적 능력이야말로 미술치료의 치료적 효과를 가장 극대화할 수 있다. 치료적 효과를 일으키는 창조성은 미술치료에서 열정적으로 추구하고 궁극적으로 목표로 삼는 과정이다.

실제로 여러 가지 문제를 가진 내담자와 현장에서 부딪쳐보면 이러한 창조의 치료적 효과를 얻지 못할 때가 많다. 그 원인은 내담자보다 치료사에게 있다. 미술치료에 발을 들여놓는 사람들이 치료적 효과와 과정에 관심을 가지기보다 진단의 효능에 관심을 두기 때문이다.

미술치료 공부를 갓 시작한 사람들은 대부분 병원이나 복지관 등지에 자원봉사를 나가게 된다. 그러면서 책이나 강의에서 배운 대로 어떤 상징이 나타나는지 유심히 살펴보기도 하고 때때로 여러 가지 해석을 하면서 나름대로 흥미로운 경험들을 한다. 하지만 그들이 곧 부딪히게 되는 문제는 도대체 어떻게 해서 치료가 되는지 감을 잡을 수 없다는 것이다. 상징이 있다거나 의미가 보인다손 치더라도 그것들을 어떻게 치료와 연결해야 하는지 알 수 없다고 한다. 그리고 생각했던 것과는 달리 사람들이 미술 과정에 흥미를 보이지도 않을 뿐만 아니라 설혹 그림을 그린다고 하더라도 그들의 어디가 달라지는지 알 수가 없다는 것이다. 기껏해야 흥미를 보이는 내담자들은 자기 그림에 어떤 이상이 나타나는지 그림을 보고 심리 상태를 읽어달라고 주문하는 것이 고작이다.

아동을 대상으로 미술치료를 하는 사람들도 그가 배운 미술치료 강의가 어떻게 현장에서 사용될 수 있는지, 황당한 기분에 사로잡히곤 한다. 아동의 그림을 진단적으로 읽는 것에만 대부분의 시간을 보냈기 때문에 실제 치료는 어떤 식으로 해야 되는지 감이 잡히지 않는 것이다. 하지만 의외로 답은 명료하고 간단하다.

아동에게 몰두할 수 있도록 해준다.

이것 외에는 어떠한 방법으로도 아동의 문제를 해결할 수 없다.

미술치료가 아동을 돕는다면, 마음의 문제를 가지고 있는 아동의 상처가 아물도록 도와준다면, 그것은 분명 아동이 적어도 한 달에 한 번 이상(한 달에 한 번 자체가 큰 의미를 지니진 않지만)은 미술치료 시간에 미술 과정 자체에 몰두할 수 있었기 때문이다.

이 답은 남녀노소 누구에게나 똑같이 적용할 수 있다. 이들이 몰두할 수 있다면, 치료사가 그런 분위기를 제공해줄 수 있다면, 미술치료사로서 가장 좋은 것을 그들에게 준 것이다.

아니, 그림 그린다고 뭐가 달라지나요?

그림을 그린다고 달라지지는 않는다. 그림에 몰두하게 되면 달라질 뿐이다. 그냥 그리는 것과 그리는 사람 자신이 몰두해서 그리는 것은 겉보기엔 사소한 차이일지 모르지만 내용과 결과에 있어서 엄청난 차이가 난다. 그저 그리기만 한다고 좋아지는 경우는 없다. 하지만 그 사람이 몰두할 수 있다면 이야기는 달라진다.

아동이 행동상의 문제를 보인다고 하자. 혹은 정서상의 문제를 보인다고 하자. 어떻게 고칠 것인가? 그 아동이 여러 가지 문제로 인해 마음이 상했다면, 그리고 그 상한 시간이 하루 이틀이 아니라 몇 달 혹은 몇 년에 걸쳐 있다면, 아동의 마음이 수습되는 데에는 적어도 그와 비슷한 기간이 필요하다. (한두 달 내에 문제를 해결할 수는 없을 것이다. 그런데도 아동의 보호자는 다음 학기 시작 전까지 아동을 치료해놔야 한다고 주장한다. 슬픈 일이다.)

칭찬해주거나 타이르고 야단치면 좋아지는가? 그럴 수도 있다. 하지만 중요한 것은 본인이 움직여야 한다는 것이다. 즉, 결국에는 문제를 가진 그 사람 자신이 소화해내거나 풀어내야 한다. 고통의 소화는 옆에서 도와줄 수 있을지라도 사실 그 고통은 당사자의 몫이며 혼자만의 외로운 여정이다. 그 사람이 아무리 나이가 적거나 혹은 많다고 하더라도.

고통을 가진 아동의 작품을 들여다보면, 아동이 가진 고통들이 그림에 그대로 투과되고 있음을 보게 된다. 특히 아동이 몰두해서 뭔가를 만들었다면, 그 작품 속에는 만든 사람의 생각과 감정, 사고, 느낌들이 그대로 녹아 있다. 아픔을 가진 아동은 그런 식으로 자기의 아픔을 표출하면서 스스로를 달래고 있는 것이다. 치료사가 필요한 이유는 표출과 자기 치유가 안전하게 일어나도록 지지 환경을 제공하기 위함이다.

충분히 표출되면 상처는 조금씩 낫기 시작한다. 충분히 곪은 상처가 터지고 난 후 새살이 돋는 것처럼 말이다. 그러므로 치료사는 그가 만나는 내담자가 아픔을 충분히 표출하게끔 지지 환경을 제공해야 한다. 그리고 가장 탁월한 지지 환경은 아동으로 하여금 뭔가에 신나게 몰두할 수 있게끔 해주는 것이다.

아동 미술학원을 운영해본 경험이 있는 사람이라면, 이 이야기가 무엇을 의미하는지 누구보다 잘 알 수 있을 것이다. 비록 자주 볼 수는 없지만 어쩌다 마주치는 아동의 신이 난 눈빛, 한참 재미나게 뭔가를 하고 있는 아동에게서 느껴지는 반짝이는 눈빛, 바로 그 눈빛을 띠고 있는 아동의 미술 과정을 세심히 바라보라. 그러면 지금까지 이야기한 '몰두'가 가져다주는 '치유적 창조성'에 대해 이해할 수 있을 것이다.

그림만 열심히
그리게 해주면 되나요?

기본적으로는 그렇다.

내담자가 기꺼이 몰두하는 미술 과정에는 치료적 요소가 빽빽이 들어 있다. 고통과 아픔을 안고 온 내담자라면, 그의 창조적 결과물에는 필연적으로 그 고통이 진득이 배어나오게 된다. 실제로 작품에는 별다른 표현이 없었더라도(예를 들어 흰 도화지에 15분 걸려서 점 하나 찍어놓았다 하더라도), 내담자가 몰두하여 그림을 그렸다면 그 작품은 그

충분히 표출되면 상처는 조금씩 낫기 시작한다. 충분히 곪은 상처가 터지고 난 후 새살이 돋는 것처럼 말이다.

들의 신음을 보여주는 것들이다. 그 배어나온 아픔에 대해 말할 기회를 내담자가 가지도록 하면 치료가 된다.

청소년이나 성인 내담자의 경우 말의 흐름을 따라가면서 정리하거나 묶어줄 필요가 있다. 어떤 방식으로 정리하고 묶는지는 치료사가 취하는 치료적 접근에 따라 달라지겠지만, 내 경우에는 그림을 통해 내담자의 생각의 틀을 발견하고 구체적으로 바꿀 수 있는 것들을 바꾸어나간다. 즉, 내담자 자신도 깨닫지 못하던 자신의 사고와 생각이 있다면 그것을 깨닫도록 질문과 대화의 장을 열어주는 것이다. 그렇게 되면 내담자들은 자기 생각이 바뀌면 세상도 바뀐다는 것을 체험하게 된다.

왜 미술치료 공부는 복잡한가요?

사실 미술치료는 그리 복잡할 필요가 없는 학문인지도 모른다.

단순 명쾌하게 말해서 "그림 그리면서 몰두할 수 있었나요?" "그래요, 그럼 치료가 되는 겁니다"라는 말이 이 학문의 전부이기 때문이다.

하지만 치료라는 것이 일회성 카타르시스로 끝날 수 없다는 점은 너무나 자명한 사실이다. 사실 사람들이 안고 있는 문제는 그가 아동이건 청소년이건 혹은 성인이건 간에 하루 이틀 내에 생긴 문제가 아니다. 문제의 뿌리를 찾아 유아기까지 거슬러가보지 않는다 하더라도, 짧게는 몇 개월에서 길게는 몇 년까지 걸쳐 생긴 문제인 경우가 대부분이다. 설혹 내담자가 호소하는 바 구체적인 스트레스가 발생하게 된 것은 채 한두 달이 되지 않는다 하더라도, 그것을 스트레스로 받아들이고 힘들어 하게 되는 성격 구조가 만들어지게 된 것은 여러 달, 여러 해가 걸린 일인 것이다. 따라서 치료의 목표가 무엇이건 간에 치료의 과정이나 기간이 결코 짧지만은 않다는 것이 자연스러운 결론이다.

문제는 여기서 시작된다. 치료의 과정이 짧지 않다는 것. 과정이 짧지 않다는 말은 여러 가지 함축적인 의미를 지닌다. '짧지 않다'는 것은 '쉽지 않다'는 이야기이다. 왜 치료의 길이가 길어지면 쉽지 않은가? 그 이유는 치료사에게 안정성과 일관성이 요구되기 때문이다.

다소간의 따뜻함만 있다면 한 번 정도는 이야기를 진지하게 들어줄 수 있고 그 사람의 템포에 맞추어 기다려줄 수 있고 유효적절하게 격려의 말을 전해줄 수 있다. 하지만 두 번은 좀 더 어렵고, 세 번은 아주 어려우며, 네 번을 넘어서면 일종의 인내를 시험받는 기분이 될 것이다.

아동이나 청소년과 미술치료 작업을 해본 사람이거나(설사 정상적인 아동과 청소년이라 할지라도), 아니면 여러 가지 삶의 문제를 가진 친구나 친척에게 꼼짝없이 붙잡혀서 하소연을 한두 시간 들어본 사람이라면, 이러한 사람들과 함께 보내는 한두 시간이 처음에는 피곤한 일이 아닐지 몰라도, 반복해서 몇 번이고 듣는 것은 결코 쉬운 일이 아니라는 것을 알 것이다.

상한 마음을 다독여주고, 힘들어 하는 사람을 붙잡아준다는 것은 생각만 해도 보람차고 뿌듯한 일이다. 그러나 실제로 그런 사람들을

왜 치료의 길이가 길어지면 쉽지 않은가? 그 이유는 치료사에게 안정성과 일관성이 요구되기 때문이다.

만나보라. 듣고 있다가 먼저 지쳐서 나가떨어지게 된다. 왜냐하면 문제를 가지고 있는 사람들은 상대방과는 상관없이 자신의 고통을 그저 쏟아붓거나 혹은 상대방이 자신의 이야기를 들어주고 맞장구쳐주며 자신의 구미에 맞게 움직여주기를 기대하기 때문이다.

결국 처음 한두 번은 들어줄 수 있는 이야기이지만, 계속 듣는다는 것이 얼마나 피곤한 일인지에 대해 절실히 깨닫게 될 뿐이다. 그러고 난 후 치료사로 이야기를 들어주던 사람은 자신이 너무 나약한 건 아닌지 혹은 자기 자신이 생각보다 이기적이라서 남에게 도움이 못되는 것은 아닌지 고민하면서 괜한 자괴감이나 실망감에 휩싸이게 된다.

선한 양심과 착한 심성으로 치료적 만남을 가지다가 다치게 되는 것은 대개 이러한 경로를 통해서이다.

나도 미술치료 공부를 시작하기 전에 한번은 열두 시간 동안 친구의 넋두리를 듣고 있었던 적이 있다. 열두 시간 내내 같은 소리를 반복하는 친구에게 처음에는 이런저런 의견도 이야기했고, 제법 대화다운 대화를 하기도 했었다. 하지만 여덟 시간쯤 지나서 내가 깨달은 것은 지금 그 친구에게 내 이야기가 들리지 않는다는 사실일 뿐이었다. 그렇다고 해서 내가 대꾸 없이 듣고 있기만 하면 친구가 섭섭하게 여기니 아무런 대꾸도 없이 앉아 있을 수는 없는 노릇이었다. 그날 나는 완전히 지쳐버렸고, 당분간 그 친구를 만나는 것조차 피하게 되었다. 그 친구와 관계가 회복된 것은 시간이 어느 정도 흐르고 나서였다.

앞에서 말한 치료사의 일관성과 안정성이 내담자의 변화를 이끌어주는 가장 중요한 환경임은 두말할 나위가 없지만, 실제로 선한 의도와 의지만으로 치료사가 일관되고 안정된 모습을 보여주는 것은 한계가 있다(불가능하다고 봐도 된다).

치료사의 일관성과 안정성이 깨지는 이유는 대개 내담자의 태도와 이야기가 치료사의 감정 세계를 흐트려놓거나 건드렸기 때문이다. 혹은 문제의 구조를 파악하거나 이해할 수 없기 때문에 오히려 더 엉키는 느낌이 들기 때문이거나, 치료사 자신이 여유가 없기 때문에 비롯된 스트레스 과부하로 인해 발생된다. 이유야 어쨌건 치료사가 내담자에 의해 감정적으로 휘둘리거나 스트레스를 받게 되면 치료 효과는 가히 절망적이다.

일관성은 내담자를 이해한 깊이만큼의 함수

치료사가 내담자의 태도와 이야기에 감정이 흐트러지지 않으려면 내담자를 제대로 이해하는 수밖에 없다.

이해하는 것과 감정 사이에는 아주 깊은 관계가 있다. 우리가 화나는 이유는 스스로가 알게 모르게 부여한 의미와 해석 때문이다. 더 깊게 혹은 다르게 해석할 수 있다면 화가 나지 않을 수도 있다. 예를 들어서 비오는 날 길을 걸어가고 있는데 옆으로 자동차가 빠른 속도로 지나가는 바람에 빗물이 튀었다고 하자. 그 자동차에 대해 기분이 나쁘겠지만, 만약 그 자동차에 탄 사람의 절박한 상황(이를테면 아이가 너무 아파서 급히 병원에 데려가느라 길가의 행인을 제대로 보지 못했다거나)을 알고 있었다면, 기분이 나쁘기보다는 그 자동차의 운전자와 아이에 대해 애잔한 마음이 들 것이다(물론 그렇다고 해서 옷에 묻은 빗물이 사라지는 것은 아니지만).

내담자에 대해서도 같은 논리가 적용된다. 내담자의 고통을 깊이 이해할수록, 문제의 구조를 파악할수록 내담자가 현재 보이는 행동들이 나를 향한 공격이나 장난이 아니라 내담자를 이해하도록 이끄는 하나의 증상이며 내면으로 연결되는 문이라는 것을 알게 된다. 그렇게 되면 치료사의 감정이 내담자로 인해 오르락내리락하지는 않게 된다.

미술치료를 공부하는 긴긴 기간 동안 인간을 바라보는 시각에 대해 공부하고 어쩌면 별로 직접적인 도움을 주지 못할 것 같은 여러 가지 학설에 대해 공부하는 것도, 인간을 이해하는 시야를 좀 더 넓히기 위한 것일 뿐이다. 사람에 대해 이해가 깊어질수록 직접 만나는 대상에게 분노를 경험하거나 짜증을 느끼게 될 가능성은 줄어든다. 공격적인 내담자나 모욕을 주기 위해 애쓰는 내담자를 만난다 하더라도 그 사람의 행동이 오히려 진지한 관심의 대상이 되는 것 외에 별다른 의미를 갖지 못하게 된다. 말이 통하지 않는 ADHD 아동을 보더라도 더 이상 그 아동의 행동이 감정적인 스트레스원으로 와 닿지는 않게 되는 것이다.

이렇게 지식은 사람이 마음을 잡고 힘을 갖도록 돕는다.

전문적인 치료 공부를 하지 않은 사람들 중에서 그러한 사람들이 있다면, 그들은 단지 학술적인 코스를 따라 공부하지 않았을 뿐, 자신의 마음 공부와 수행, 성화에 애쓴 사람들이며, 그들이 하는 공부에서 사람에 대한 이해와 접근이 제시되었으리라 생각된다.

ADHD
주의력결핍 / 과잉행동장애로, 이러한 아동은 주의가 매우 산만하고 가만히 않아 있지 못하며 성급할 뿐 아니라 충동적이다.

그럼 잘 들어주기만 하면
좋아집니까?

일관된 자세로 잘 들어줄 수 있다면 정말로 내담자는 좋아진다.

설사 그가 자신의 문제에 대해 이해하지 못했다 하더라도, 그가 느끼는 주관적 고통은 확실히 줄어든다.

심리치료소가 매우 많은 미국 로스앤젤레스의 한 지역 신문에 새로 개업한 심리치료소 광고가 실렸는데, 거기에는 단순하게 심리치료소 전화번호와 "잘 들어드립니다We Listen"라는 문구만 적혀 있었다. 의미심장한 말이 아닐 수 없다.

어떻게 해야 내담자가
미술 과정에 몰두할 수 있나요?

이 질문만큼 대답하기 어려운 말이 어디 있을까? 창조적 몰두와 몰입이 어느 만큼 치료적 효용성을 지니는지 누구보다 잘 알고 있으면서도 치료를 하다 보면 늘상 안타깝다. 왜냐하면 실제 대다수의 내담자들이 그들이 가진 문제의 무게에 짓눌려서 무엇에도 몰두할 수 없을만큼 철저히 훼손된 마음을 안고 도움을 받으러오기 때문이다.

내담자의 눈높이 찾는 방법
1. 미술과 친숙한 정도를 파악한다
2. 미술 기법을 가르친다
3. 안정된 표출 공간을 제공한다
4. 속도를 맞추어준다
5. 인내심을 가진다

이들을 어떻게 도울 수 있을까? 어수룩한 대답이지만 굳이 대답하자면 "당신이 만나는 내담자의 눈높이를 잘 찾아주세요. 의외로 쉽고 간단하게 풀릴 수 있습니다"라고 말할 수 있을 뿐이다.

내담자의 눈높이를 찾으려면 첫째, 그가 어느 만큼 미술을 친숙하게 느끼는지에 대해 알아야 한다. 그림을 잘 그리든 못 그리든 미술치료 과정이나 효과와는 관계가 없지만, 실제로 미술 과정에 몰두하도록 이끌어주려면 내담자의 미술 능력을 되도록 정확하게 알 필요가 있다.

둘째, 경우에 따라서 미술 기법은 가르쳐주어야 한다. 기법을 가르쳐주는 것은 미술치료 과정에서 불필요하거나 해가 되지 않고, 오히려 도움이 된다. 미술이 익숙하지 않은 내담자에게 주제를 주고 그것을 표현하는 무엇을 그려보라거나 만들어보라는 것은, 마치 'ABC'만 겨우 익힌 어린아이에게 마음을 드러내는 시를 영어로 지어보라고 하는 것과 다를 바 없다.

셋째, 심리적으로 안정된 표출 공간을 제공해야 한다. 치료사가 내담자의 사적 비밀을 보장한다는 점과 내담자가 작품을 표현하는 데 있어서 자유로워도 된다는 것을 보장해주어야 한다.

넷째, 치료사가 적극적으로 움직여야 하지만 내담자의 속도를 기다려주고 잘 따라가며 맞추어주어야 한다. 작업이 복잡하거나 새로운 것일 때는 내담자의 창조성을 제한하지 않는 범위 내에서 완성 작품을 보여주는 것도 좋고 치료사가 먼저 시연하는 것도 좋다.

마지막으로 불분명하고 모호한 것에 대해 치료사의 인내심을 길러야 한다. 치료에 들어갈 때마다 무언가 결론을 기대한다면, 내담자가 결론에 따라 움직이지 않을 때 당황하게 될 것이다. 치료 과정은 각본

없이 진행될 때 살아 숨 쉬게 된다. 전체적인 방향은 치료적 목표를 향해 나가겠지만, 그 순간순간의 루트와 세부적 방향들은 각본이 없음으로 해서 살아 숨 쉬게 해야 한다. 이러한 살아 있음은 내담자로 하여금 흥미를 가지게 하고 과정에 몰두하게 한다.

구체적으로 딱 부러지게 이야기해주세요

구체적인 치료 상황을 이야기하지 않고 구체적인 치료적 개입을 논의하는 것은 오히려 비치료적으로 진전되기 쉽다. 만약 이 글을 읽는 독자가 미술치료에 대해 공부를 한 사람이라면 무엇을 해야 하고 무엇을 하지 말아야 하는가에 대한 여러 가지 규칙을 들었을 것이다. 이를테면 내담자의 작품에는 손을 대지 말라든가 하는 규칙들 말이다. 하지만 때때로 내담자가 그림을 그릴 수 있도록 밑그림을 그려주기도 하며 어렵다고 호소하는 부분을 같이 해결하기 위해 직접 미술 작업에 개입하며 기법을 가르쳐주기도 하고, 완성된 작품을 보여주며 고무시키기는 경우도 있다. 중요한 것은 내담자가 미술 과정에 흥미를 가지도록 이끄는 것이고, 몰두할 수 있도록 연장을 쥐여주는 것이기 때문이다. 그러므로 내담자의 미술 과정을 진작시킬 수 있다면 어떠한 방법을 쓰더라도 모두 미술치료의 대전제에 부합하는 것이라고 확신한다.

이디스 크레이머
(Edith Kramer)
미국의 유명한 미술치료사
로, 주로 아동을 대상으로
치료했으며, 미술치료의 기
반을 다졌다.

예전에 미국에서 공부할 때 크레이머가 미술치료를 하는 비디오를 본 적이 있다. 그때, 열 살 안팎으로 보이는 아동이 그림을 그리는데 크레이머가 이것저것 개입하는 모습이 눈에 띄었다. 비디오를 보고 나서는 학생들과 선생님까지 가세해서 한바탕 설전이 오갔다. 주제는 치료사가 내담자의 미술 과정에 저렇게까지 개입해야 하는가였다. 그때 대부분의 대학원생들은 되도록 내담자에게 자율권을 최대한 주겠다고 했고, 나도 역시 그렇게 생각했다. 하지만 시간이 지나고 현장에서 내담자를 더 많이 만나게 되면서 나의 생각은 약간 달라졌다.

치료사가 내담자의 그림을 그려주어야 한다거나 안 된다거나 혹은 도와주어야 된다거나 안 된다거나 하는 구체적인 개입 여부 자체가 원리나 원칙이 될 수는 없다. 중요한 것은 어떠한 행동을 하든 그 내담자(그 개별성의 세계란, 사람마다 어쩌면 그렇게 다를 수 있는지)에게 치료적으로 도움되는 행동을 하면 된다는 것이다. 때로는 그림을 그려주는 것이 더 좋을 때가 있고, 때로는 그려주지 않는 것이 좋을 때도 있다. 어쩌면 그려주건 말건 차이가 없는 경우도 있을 것이다.

치료를 하면서 부딪히는 여러 문제 때문에 대부분의 치료사들이 처음에는 좀 더 구체적인 규칙들을 얻기 바라고, 내담자와의 관계에서 발생하는 일들에 대해 똑 부러진 답안을 갖기 원한다. 그런데 결국 구체적 답안이 모든 상황에서 모범 답안은 아니었다는 점을 깨닫게 된다.

예를 들어 병원에서 한 환자를 만났는데 그 환자는 그림을 5분만에 대충 끝내고 그냥 가만히 앉아 있었다. 치료사는 환자에게 다가가서 "색깔을 좀 칠해보면 어떨까요"라고 물었다. 이 개입은 치료적으로 의미가 있는 것인가, 아닌가. 그에 대한 답은 환자의 상태나 증상, 현재 치료 목표에 따라 다르기도 하겠지만, 그 치료사가 무엇 때문에 그렇게 색을 칠해보도록 환자에게 제안했느냐에 따라서도 달라진다. 만약 치료사가 자기 내부적으로 느끼는 긴장감(이를테면 환자가 그림을 너무 일찍 끝냈는데, 아직 치료 시간이 많이 남았다든지, 아니면 그냥 봤을 때 완성도가 많이 떨어져 보이는 그림이기 때문에 왠지 뭔가 더 해야 한다고 느꼈다든지) 때문에 제안한 것이라면 치료에는 별로 효과가 없을 것이다. 하지만 그것이 아니라면, 즉 환자의 치료 방향에 부합되는 어떤 이유를 치료사가 가지고 있다면 이는 치료적인 개입이다.

치료사는 내담자에게 말 이상의 그 무엇을 공기를 통해 전달한다. 자신의 필요에 따라 요구하는 것인지, 아니면 환자나 내담자를 위해 제안하는 것인지, 겉보기에는 비록 말이 같다고 하더라도 무언의 언어를 통해 의도가 전달되므로 그 효과는 다르게 나오는 것이다.

꼭 말을 해야 하나요?

말 없이 내담자들이 미술 과정에 몰두하고 있다면 그것 자체로 치유적 힘이 있다. 하지만 어느 시점에 가서는 말로 이야기해야 한다. 치료 시간마다 반드시 이야기를 해야 하는 것은 아니지만 내담자들이 자신의 문제를 이해하고 파악하며 바꾸고자 시도할 때, 그러한 과정이 언어화되는 것은 매우 중요하다.

내담자가 이야기하기 힘들어 한다면 치료사가 분위기를 잡아나갈 수 있다. 이를테면 다음과 같은 두 가지로 말할 수 있다.

"음…… 오늘 이야기하기 힘드신가 보군요. (내담자가 끄덕끄덕 한다.)
그래요, 이야기하기 힘들면 다음에 이야기하세요. 저는 언제나 ○○
씨에게 이야기를 들을 준비가 되어 있거든요. 저에게 이야기할 수
있겠다 싶을 때 말씀하시면 됩니다."
"○○씨 그림을 보고 있으니까 그런 생각이 드네요. ○○씨 마음에
하고 싶은 이야기들이 많겠구나, 하는 생각이요. (기다린다, 그래도
내담자는 아무 말이 없다.) 음…… ○○씨, 제가 이야기하라고 하는 게
부담스러운가요?"

이런 식으로 이야기를 풀어나갈 수 있다.

미술의 치유적 힘, 산호 성

지금까지 미술 과정에 몰입하는 것이 어느 만큼 치료 효과가 있는
지에 대해 이야기했다. 고통이 동기가 되어 미술에 몰입할 수 있음을
보여주는 예로 미술치료를 공부하는 동안 수업 시간에 들었던 이야기
를 나눌까 한다.

미국 플로리다 주 남부에는 아름다운 관광 도시 마이애미가 있다.
그 도시에서 남쪽으로 향하는 1번 국도상에 '산호 성Coral Castle'이라
는 조그마한 관광지가 있다. 이곳에는 대략 60,70년 전에 한 남자가
혼자서 산호석으로 만든 다양한 조각들이 있다. 그 남자에게 약혼녀

가 있었는데, 결혼하기 하루 전날 밤에 남자 나이가 너무 많고(당시 남자는 26세, 여자는 16세) 가난하다면서 일방적으로 결혼을 파기했다. 예상치 않게 거절을 당한 남자는 실연의 아픔을 달래기 위해 여러 가지 산호석으로 조각 작품을 만들기 시작했다. 대단한 도구를 들고 시작한 것도 아니고 그저 집에서 사용하는 단순한 도구들을 가지고 시작한 이 작업은 1,100톤이 넘는 산호석을 조각할 때까지 계속되었다. 하트 모양의 식탁을 만들고, 소파와 의자를 만들고(의자를 만들면서 장모가 앉을 의자까지 만들었다고 한다), 침대를 만들고 방을 만들고…… 그렇게 20년을 보냈다고 한다.

오늘날 그곳을 방문하는 사람들은 어떻게 이렇게 무거운 돌들을 혼자서 다루었을까 신기해 하고 한편으론 가슴 아픈 사랑 이야기에 잠시 숙연해지기도 한다. 나도 산호 성을 방문했을 때 마음 한쪽이 찡했다. 사랑의 상실이 어느 만한 의미였기에 이 사람은 이렇게까지 작품을 만든 것일까. 그리고 이 작품을 만드는 과정은 그에게 어떠한 의미를 준 것일까.

삶 속에서 만나는 진한 고통을 이기는 방법은 고통의 바닥까지 내려가는 길밖에 없는지도 모른다. 산호 성을 만든 그 사람처럼 바닥까지 내려갈 때 친구가 되어줄 수 있는 미술의 존재가 사실 미술치료의 존재 이유기도 하다.

산호 성은 인터넷 사이트 www.coralcastle.com을 통해 방문할 수 있다.

우리 땅에서 만나는 미술의 힘

우리 땅에도 오랜 기간 정성을 들여 미술 작업을 한 장소가 곳곳에 있다. 그중에서 제주도의 사례를 소개한다.

북촌 돌하르방

북촌 돌하르방 공원

제주의 북동쪽, 곶자왈 지역에 가면 '북촌 돌하르방 공원'이 있다. 이 공원은 제주도 토박이 미술가가 10년 넘게 작업한 돌하르방과 조각품 들이 설치되어 있다. 광대한 면적은 아니지만, 작지 않은 공원의 곳곳에서 작가의 위트와 삶에 대한 태도를 느낄 수 있는 작품들을 만날 수 있다. 다른 기관이나 정부의 도움을 받지 않고 혼자서 오롯이 이 모든 것을 해냈다는 점에서 그 열정을 느낄 수 있다.

북촌 돌하르방 공원
www.dolharbangpark.com

봉황 솟대 박물관

제주도 서남쪽 한경면에 위치한 봉황 솟대 박물관은 솟대에 관심을 가진 관장님이 직접 제작한 다양한 종류의 솟대가 전시되어 있다. 키가 큰 것과 작은 것, 색깔이 있는 것과 나무색 그대로인 것 등 여러 모습의 봉황 솟대를 보고 있노라면 이 작품들 하나하나에 깃든 작가의 애정이 고스란히 전해진다.

봉황 솟대 박물관
blog.daum.net/male—stone—turtle

평화 박물관

평화 박물관 역시 제주도 서남쪽 한경면에
위치해 있다. 이 박물관은 일제강점기에 제주
도에서 징용에 끌려간 사람들이 가마오름에
팠던 동굴 진지를 복원하고 관련된 유적을
전시하고 있다. 규모나 시설 면에서 한 개인이
완성하기 어려웠을 일인데, 놀랍게도 이 박물
관은 징용에 끌려갔던 아버지에 대한 애타는
마음으로 아들인 이영근씨가 홀로 건립한 곳
이다. 밤낮 없이 동굴에 들어가서 복원한 끝
에 지금은 그 내부를 둘러볼 수 있게 되었다.
아마도 복원에 대한 집념과 정성, 수고를 들
인 세월이 한 개인의 가족뿐 아니라 우리 역
사를 치유해주는 힘이 아닐까 생각된다.

평화 박물관
www.peacemuseum.or.kr

봉황 솟대 박물관

평화 박물관

03

치료 과정의 NG

미술치료를 공부하는 동안 수련 기관에서 만난 내담자와의 관계는 또 하나의 거대한 질문의 연속체였다. 도대체 어떻게 해야 치료적으로 의미가 있는지, 나 자신도 찾아 헤매는 의미를 어떻게 내담자와 함께 찾을 수 있는지. 내담자와 처음 가졌던 치료의 첫 시간에 느꼈던 막막함은 '긴장'이라는 단어만으로는 설명할 수 없을 것 같다. '아이고……' 하는 그 느낌……. 시간이 흘렀고, 집단을 혼자 이끌게 되었다. 새로 생긴 의문에 다소간의 자괴감까지 섞여서 자못 흔들리기도 하고 우울해지기도 하다가 다시 답을 찾고 힘을 내곤 하는 과정이 반복되었다. 어떤 날은 치료가 끝나고 지하철 타는 곳까지 걸어가면서 무엇 때문에 이렇게까지 갑갑하게 느껴지는지 감도 안 잡히고 답답하고 '정말 최악이다' 하는 심정이 되었다. '아이고……' 하는 느낌이 다시 한 번 더.

내담자에게 뭔가 좋은 말을
해줘야 할 것 같은데……

미술치료의 한 회기를 마칠 때, 무조건 교훈적이면서 행복한 웃음을 나누며 마무리해야 할 것 같다고 호소하는 치료사들이 있다. 이게 아닌데, 하면서도 알게 모르게 교훈적인 이야기로 끝맺음을 했다는 것이다.

교훈적인 이야기는 그 자체만 봐서는 훌륭한 치료적 도구가, 될 수 있다.

하지만 매 회기마다 좋은 이야기로 끝내는 것이 내담자의 치료에 유익하다는 치료사의 확신이 없다면(어떻게 해서 도움되는지 치료사가 잘 모르면서 그냥 교훈적인 이야기를 한다면), 이는 치료사 자신의 문제와 연결되어 있을 것이다. 아마도 치료사로서 자신감이 없다는 문제와도 연결되어 있을 것이다.

치료 시간은 듣기 좋은 이야기를 하고 좋게 좋게 끝내기 위한 것이 아니다. 치료사와 내담자가 만나는 공간은 아픔이 있다면 이야기해도 되고 펼쳐놓아도 되는 곳이다. 그러한 심리적 공간이자 분위기가 바로 치료 공간이다. 만약 개인이 아닌 집단 치료인데 참여한 사람들 간에 갈등이 있다면, 그 치료 회기의 목적은 이 갈등을 없애는 것이 아니다. 그보다는 그 갈등을 이해함으로써 각 개인이 성장하도록 여러 사람들을 격려하고 고무시키는 것이 목적이다.

참된 교훈과 해피엔드로 맺는 말은 치료사가 아닌 내담자의 입에서 나올 때 진실로 의미 있는 것이다. 치료사의 입에서만 일방적으로 나

미술치료의 한 회기
미술치료를 위해 갖는 치료 기간의 만남 중 한 번의 만남을 한 회기라 부른다.

가는 교훈들은 대개가 다시금 흘려지거나 내담자의 입을 막아버리게 되거나, 혹은 반박을 받을 뿐이다. 그러나 내담자의 입에서 나온 자기 스스로의 교훈과 '그래도 희망이……'라는 내용의 언급들은 그 자체로 힘을 가진 귀한 반응들이다.

내담자가 그러한 반응을 보이도록 하려면, 치료사는 한 회기가 우울한 이야기만 하다가 끝나더라도 괜찮다는 마음의 여유를 가지고 있어야 한다. 치료사가 마음의 여유가 있는지 알아보는 또 다른 지표 중 하나는 내담자의 침묵에 대해 어떻게 대응하는지를 보면 된다. 집단 회기에서의 침묵은 대개 치료사가 분위기를 제대로 잡지 못했거나 적절히 개입하지 못해서 생기는 것이지만, 개인 회기에서의 침묵은 여러 가지 의미를 갖는다. 개인 회기에서 치료사가 어느 만큼 내담자를 기다려줄 수 있는가를 보면 그 치료사의 역량을 볼 수 있다.

미술치료 집단을 이끌고 있는데, 치료가 거의 끝날 때쯤 구성원 중 한 명이 힘들다며 자신이 인정받지 못하는 것이 괴롭다는 이야기를 했다고 하자. "아니에요, 열심히 하면 인정받으실 거예요"라는 쪽으로 이야기를 몰아가면, 그 내담자는 두 번 다시 자신의 이야기를 하려 들지 않을 것이다. 그보다는 그런 이야기를 털어놓기 시작했다는 것 자체를 격려해주고 문제에 대해서는 물음표를 던진 채 회기를 마무리하는 게 좋다.

치료사 오늘 ○○씨가 이야기한 것은 우리 모두가 생각해보아야 하는 주제라 느껴지네요. 힘들다는 것, 인정받지 못한다는 것은, 음…… 사실 이야기하기 쉽지 않았을 것 같아요.
내담자 아니, 뭐 이야기할 만했어요.

치료사 그래요, ○○씨가 이야기할 만했다고 하시니까 좋습니다. 말씀하신 것처럼 이 자리는 마음이 힘들고 아픈 이야기를 해도 괜찮은 자리예요. 다른 분들은 어떻게 생각하세요?

내담자 ······.

치료사 지금 당장 이 자리에서 우리가 그 문제에 대해 답을 내릴 수는 없겠지만, 계속 생각해보기로 해요. 오늘은 여기까지 할게요.

이런 사람도 치료해줘야 하나요?

미술치료를 하다 보면 여러 종류의 사람을 만나게 된다. 그들 중에는 치료사에게 지나치게 의존적이어서 문제인 경우도 있지만, 치료사를 전혀 신뢰하지 않고 의심할 뿐만 아니라 적개심을 가지고 있는 경우도 있다.

어느 미술치료사가 자신보다 학벌이 좋은 환자들로 구성된 집단을 대상으로 병원에서 미술치료를 하게 되었다. 다소 긴장된 분위기였지만 그럭저럭 풀리는 듯싶었는데, 그중 한 사람이 유독 미술치료사에게 여러 가지 질문들을 던졌다. 그런데 질문의 내용은 새로운 미술 사조에 대해 치료사의 견해를, 다소간 시험하듯이 묻는 것들이었다. 그 환자는 유학 시절 겪었던 문화적 차이와 다양성에 대해 극단적인 사례까지 들면서 그 점에 대해 치료사는 어떻게 생각하는지 물었다. 미술 사조에 대해서 잘 알지 못했던 미술치료사는 당황했고 마음이 불

치료사를 전혀 신뢰하지 않아 불신하고 의심할 뿐만 아니라 적개심까지 가지고 있는 경우도 있다.

편했다. 사실 치료사가 느낀 당황스러움이란 표면적으로는 환자의 질문에서 비롯된 것이지만, 그 이면에는 치료적 관계가 수립되지 않은 채 환자의 도전을 받았다는 데 있었다. 즉, 치료사를 시험하는 듯한 환자의 태도와 치료사를 인정하지 않는 거부적인 자세 때문에 불편을 느낀 것이었다.

사실 환자의 현학적인 태도는 치료사가 자신의 전문성에 대해 믿음과 자신감이 있으면 (쉽지는 않지만 그래도) 다루어줄 수 있는 대상이다. 치료사는 환자의 현학적 질문들이 결국은 '당신이 나를 치료할 만한 존재인가?'라는 근원적 질문의 또 다른 형태라는 것을 알기 때문이다.

이때는 진솔함 외에는 어떠한 대응책도 없다. 그리고 진솔함은 치료사가 안정적인 자세를 유지하고 있을 때에만 제대로 열매를 맺을 수 있다.

앞서 말한 환자에게는 치료사가 잘 모른다고 대답하면 된다. 그리고 치료 회기의 주제로 돌아오면 된다. 만약 환자가 계속해서 회기를 겉돌거나 치료사를 거부하는 자세로 현학적 놀음을 한다면, 치료사는 환자의 말과 이야기에서 느껴지는 느낌을 말할 수 있으며, 치료사에 대한 환자의 생각을 물을 수도 있고, 치료 회기의 목적에 대해 이야기를 나눌 수 있다. 결국은 솔직함, 전문적 진솔함이 방향을 잡아줄 것이다.

아무래도 이 사람은
치료가 안 될 것 같아

미술치료가 성공하려면 미술치료사 자신이 먼저 희망을 가져야 한다. 반드시 희망을 가져야 한다. 내담자에게 희망이 보이지 않는다면, 치료사가 목표 설정을 부적절하게 했기 때문일 것이다. 본질적으로 희망은 불가능한 것에 대해서는 생기지 않는 법이다. 따라서 미술치료사는 이룰 수 있는 치료 목표가 무엇인지를 어렵더라도 잘 찾아서 설정해 나가야 한다.

뇌 기능에 이상이 있는 것과 같이 생리적인 원인을 가진 문제를 안고 온 내담자라면, 문제를 이해하도록 그 사람과 그의 주위 사람들을 도와줄 수 있고, 문제와 관련된 감정이 변화하도록 도와줄 수 있다. 어떠한 삶의 조건(예를 들면, 말이 통하지 않는 아버지 같은) 때문에 우울하다고 호소하는 사람에게 그 조건을 바꾸어줌으로써 행복감을 주겠다는 식의 치료 목표는 허황되고 불가능한 것이다. 그러나 우울한 감정을 이해하도록 도와주는 것은 가능하다. 또 자신의 우울을 이해하고 나면 여전히 우울한 감정은 남겠지만 극단적인 느낌은 피할 수 있다. 그리고 버릴 것은 버리고 바꿀 것은 바꾸게 된다. 그러면서 스스로 감정을 다스리게 되는데, 삶의 조건은 변함없다 하더라도 그 사람이 삶을 대하는 태도는 전혀 다른 색채를 띠게 된다.

"이것만 해결되면 행복해져요"라고 말해서 그 문제가 해결되는 경우

미술치료가 성공하려면, 미술치료사 자신이 먼저 희망을 가져야 한다. 반드시 희망을 가져야 한다.

도 있다. 하지만 그런 방법으로 해결할 수 있는 종류가 아니라면, 그 문제를 이해하도록 도와주고 그것을 안고 살 수 있도록 해주어야 한다. 여전히 문제가 있더라도 가끔은 "행복해요"라고 이야기할 수 있게끔 해주는 것이 치료의 목표이다.

미술치료가 막다른 골목에 다다랐다고 느껴지거나, 내담자에게서 호전될 가능성을 도저히 발견하지 못한다면, 먼저 미술치료사 자신에게 질문을 던져야 한다.

- 내가 이 사람에 대해서 절망적이라고 느끼는 이유는 무엇인가?
- 나는 왜 이 사람에게 치료의 희망이 없다고 생각하는가?
- 치료 목표를 무엇으로 잡고 있어 불가능하다고 느끼는가?
- 치료 목표를 더 세분화할 수는 없는가?
- 세분화된 치료 목표를 실현 가능한 절차로 바꾸었는가?
- 내가 성급하지는 않은가?

덧붙여 이야기하고 싶은 것은 자신이 맡은 내담자가 자신의 손에 의해 반드시 좋아져야 한다는 생각에서 자유로워지기 시작하면, 의외로 내담자의 변화를 지켜볼 기회도 많아진다는 점이다. 내담자가 자신의 손에 의해 좋아지기를 바라는 것은 어느 치료사든 가지고 있는 바람이지만, 반드시 그렇지 않을 수 있다는 것을 인정할 수 있는 치료사의 용기와 이해는 필수불가결하다. 또한 자기 자신에 대한 믿음과 용서와 사랑이 선행되어야 가능한 일이기도 하다.

만약 자신이 맡기에는 어렵거나 여전히 희망이 없다고 느껴지면 다른 치료사를 연결시켜주어야 한다. 본질적으로 치료가 불가능한 사람은 없기 때문이다. 단지 내가 그 사람을 치료하지 못할 뿐.

잘 들어주라고 했잖아요, 그래서 난 한마디도 안 했는데……

'잘 들어준다'는 것은 치료사가 한마디도 안 하는 것이 아니다. 치료사가 말을 많이 하고 안 하는 것은 치료의 기준이 될 수 없다. 내담자가 어느 만큼 편안하게 이야기할 수 있는가, 어느 만큼 솔직하게 믿고 이야기할 수 있는가, 하는 것이 잘 들어주느냐를 판단하는 기준이 된다.

미술치료를 시작한 첫 시간이라면, 치료사 쪽에서 좀 더 적극적으로 이야기가 시작되게끔 길을 터주는 것이 바람직하다. 말하기가 불편해서 쭈뼛거리는 내담자는 자신의 온몸으로 불편함을 호소하고 있는 것이다. 그런데 내담자 이야기를 잘 들어주어야지, 하는 마음 하나로 그저 '말씀해보시죠'라는 자세만 취하고 있어서는 안 된다.

불편해 보인다면, "말씀하시기 불편하신가 봐요……. 그래요, 처음 만나는 사람에게 자기 이야기를 하는 것이 불편한 게 당연할 거예요"라고 말해줄 수 있다.

때로는 차를 한잔 권하거나 가벼운 날씨 이야기를 해도 된다. 그리고 미술치료사 자신과 미술치료에 대한 소개, 앞으로 어떻게 치료가 되는지 간략하게 소개해주는 것도 불안감을 감소시키는 방법이다.

치료사가 말한 내용에 대해 의문이 없는지 확인하고 나면, 내담자에게 "어떤 이야기부터 시작할까요?" "어떻게 오게 되었는지 이야기해 줄 수 있을까요?" 등 자연스럽게 운을 떼어 이야기 분위기를 잡아나 가야 한다.

아유~ 잘 못 그리셔도 돼요

대다수의 환자나 내담자들은 "저 그림 잘 못 그리는데요"라는 말을 하면서 미술치료를 시작한다. 실제로 못 그리는 사람들도 많고(비록 '못 그린다'라는 말에 어폐가 있지만, 통속적인 의미에서 '못 그린다'라는 말로 생각하자. 이를테면 사실적인 묘사력이 부족하다든지 솜씨가 거칠다든지), 보통 솜씨이지만 그다지 잘 그리는 축에 끼지 못하는 사람들도 많다. 또 직업적인 미술가인 경우에도 남들이 보기에 손색이 없지만 스스로 못 그린다고 생각하는 사람들도 있다.

대개 내담자는 "못 그린다"라는 항변에 대한 대답으로 "못 그리셔도 됩니다"라는 소리를 듣는다. 하지만 엄밀하게 따지자면 환자나 내담자 가 그림을 잘 못 그린다고 하는 말은, 자신이 생성할 작품에 대한 치 료사의 수용과 인정을 요구하는 말이며 자신의 능력에 대한 안전한 보호막을 형성하기 위한 말이다. "저 못 그리는데요"라는 말 뒤에 나 타난 작품에 대해 치료사와 집단 구성원들이 "어, 잘 그렸는데"라고 말해주기를 기대하는지도 모른다.

미술치료에 임하는 사람들은 누구나 자기 작품이 예뻤으면 하고 바란다. 그래서 나의 경우 내담자나 환자 들에게 "잘 그리실 필요가 없습니다"라는 말을 쉽게 하지 않는다. 예쁘게 그리려고 열심히 하는 것과 그리기도 전에 예쁘게 할 필요가 없어서 대충하는 것은 치료 효과 면에서 완전히 달라지기 때문이다.

물론 때로는 아름답게 한다는 것이 별 의미가 없는 일일지도 모른다. 하지만 적어도 여러 경험에 비추어보건대 내담자들은 아름다움에 매우 마음 끌려 하고, 실제로 잘 그릴 때 훨씬 더 잘 몰입하는 것을 볼 수 있다. 몰입한다는 것을 다른 말로 표현하면 에너지를 갖는다는 것이다.

사실, 아름다운 작품을 보고 있을 때 우리는 그 아름다움에 가슴 떨려 한다. 그러면서도 미술치료 시간에 아름다움에 대한 추구를 경원시한다면, 그것은 정말 이상한 일이다.

실패를 경험하게 할 수는 없잖아요

"우울한 사람들에게 찰흙 공작을 시켜도 될까요? 찰흙으로 사람을 만드는데, 심이 없으니까 부러지더군요. 부러지는 건 일종의 실패잖아요. 우울한 사람들에게 실패를 경험하게 하면 좋지 않을 것 같은데요."

미술치료를 잘 이해하지 못하면 여러 가지 혼란에 휩싸인다. 그중
하나가 바로 위와 같은 질문이다. 앞서 대전제에서 말한 바 미술 과정
에 몰입하도록 하는 것이 물론 미술치료의 핵심이지만, 미술치료의 목
적은 결코 미술작품 자체에 있지 않다. 따라서 내담자에게 실패 없는
미술작품을 만드는 과정을 제공하는 것은 치료에 별로 의미가 없는
작업이다. 왜냐하면, 미술작품을 잘 만들면 무엇하는가, 자신의 삶이
지금 실패로 점철되었는데, 라는 반박에 아무런 대답도 할 수 없기 때
문이다.

우울한 내담자라면 오히려 미술치료를 하는 동안 미술작품의 실패
를 겪어 보는 것이 (치료 결과에 있어서는) 더 좋은 결과를 맺기도 한다.
왜냐하면 치료사가 작품의 실패를 그 사람이 호소하는 삶 속에서의
잔인한 실패와 연결해서 이야기할 공간을 열어주기 때문이다. (물론 그
렇다고 해서 일부러 미술작품을 실패하도록 유도하지는 않는다.)

예를 들어 미술작품을 다 만들었는데, 부러져버렸다. 그렇다면 이
것을 두고 함께 이야기하는 것이다.

"그래요, 말씀하신 것처럼 자기가 공들인 작품이 부러지는 건 기분
좋은 일이 아니지요. 노력을 기울였지만 때로는 결과가 내 마음대
로 되는 건 아닌 것 같아요. 음…… 지금처럼 작품을 만들 때뿐 아
니라 일상생활에서 이러한 느낌을 받았던 적이 있었다면 이야기할
수 있을까요?"

따라서 미술치료를 하는 동안 내담자가 작품을 만드는 데 '실패'했
다면, 그 실패는 '결과'가 아니라 치료하는 동안 치료사가 내담자와 나

눌 수 있는 치료적 대화의 좋은 재료인 것이다.

고통에 대해서, 아픔에 대해서, 실패에 대해서 이야기해도 괜찮은 장소, 그곳이 바로 치료적 만남이 이루어지는 공간이다. 그 공간에서 치료사는 모든 것이 허용되고 지지된다는 공기를 만들고 이끌어주어야 한다.

글쎄, 그림 그려야 하는데 자꾸 이야기만 하잖아요

미술치료를 하는 동안에 반드시 무엇을 해야 하고 무엇을 하지 말아야 한다는 규칙은 없다. 치료적 효과를 얻기 위해 여러 갈래의 길을 걸어갈 수 있고, 각각의 갈래 끝이 어디로 연결되어 있는지 예의주시 하면 된다.

창조적 에너지, 몰두할 수 있는 에너지가 언어라는 과정을 통해 쏟아져 나오고 있다면, 굳이 그것을 막고 미술 표현의 과정으로 인도할 필요는 없다. 때로는 내담자들의 이야기를 들어주기만 하면서 상담시간을 모두 쓰더라도 괜찮다. 내담자들은 자신의 가슴속에 하고 싶은 이야기를 너무 많이 담아두고 있다. 그래서 할 말이 많은 것이다.

그림을 그려야 하는데, 하는 생각이 든다면 왜 그림을 그려야 하는지를 먼저 생각해야 한다. 그리는 것은 '방법'이지 '목표'가 아니기 때문이다.

> 그림을 그려야 하는데, 하는 생각이 든다면 왜 그림을 그려야 하는지를 먼저 생각해야 한다. 그리는 것은 '방법'이지 '목표'가 아니기 때문이다.

무시당하고 일 못하겠어요

미술치료를 공부하는 사람들에게서 자신이 나가는 치료 기관에서 다른 치료진에게 무시당하는 것 같다는 호소를 가끔 듣는다. 듣고 있는 입장에서는 무척 속상하고 안타깝지만, 아직 이 땅에 미술치료가 완전히 정착되지 않은 상태에서 일어나는 과도기적 현상이려니 하고 생각한다. 어쨌든, 무시당한다는 느낌은 사람을 위축되게 하고 힘들게 한다.

무시당하는 것은 자신의 문제일 수도, 상대방의 문제일 수도 있다. 만약 상대방의 문제라면 우선 그 사람이 미술치료에 대해서 잘 모르기 때문에 그럴 수 있다. 그러므로 좀 더 적극적으로 미술치료에 대해 설명할 수 있어야 한다. 그저 상대방이 내가 하는 일의 가치를 알아주기를 기다려서는 안 된다. 적극적으로 자신의 일을 알리고(왜 의미가 있는지, 어떠한 작업들을 하는지, 결과가 무엇인지에 대해), 차트와 치료 노트를 쓰고, 맡은 환자에 대해 여러 가지 견해를 피력해야 한다. 또한 환자들에게서 '그 시간 좋다'라는 의견이 나오도록 최선을 다해야 한다. 그렇게 했는데도 불구하고 상대방이 냉소적인 태도를 가지고 있다면 더 이상 신경 쓰지 않아도 된다. 그것은 그 사람의 문제이고 그 사람의 삶의 방식이기 때문이다.

반면에, 미술치료사 자신의 문제라면 좀 더 깊이 생각해보아야 한다. 그런 느낌이 생기는 이유는, 첫째, 자신이 하는 일에 대해 자기가 잘 모르고 있거나 부족하다는 자괴감이 내면에 있을 수 있고, 둘째, 타인의 인정이나 평가에 취약한 부분이 있을 수도 있다. 어느 쪽이든 진지하게 다루어야 할 주제이다.

한 가지 방법이 있다면 자신의 느낌을 미술작품으로 표현해보는 것이다. 그리고 그 작품을 두고 계속해서 느껴본다. 자신의 그 느낌 이면에 어떠한 이야기들이 오가고 있는지 자신의 작품부터 들어보면 좋다.

미술치료가 아무리 의미 있는 작업이라 할지라도, 일하고 있는 환경이 너무 열악하거나 일하는 곳에서 다른 치료진들과의 관계가 협력적이지 못할 경우 회의감이 들 수 있다. 그때에는 미술치료 공부를 시작하게 되었던 첫 마음을 기억해보았으면 좋겠다. 그리고 현재의 과정에서 숲이 아닌 나무 한 그루 한 그루만 보인다면, 스스로 숲을 보는 여유를 회복해야 한다.

N G 9

썰렁해요

썰렁한 분위기는 내담자의 침묵을 효과적으로 다루지 못할 경우 발생한다. 짧은 한두 마디 말을 끝으로 내담자가 침묵할 경우, 치료사는 먼저 그 침묵의 의미를 판단해야 한다. 치료사에 대한 저항이나 치료에 대한 거부인지, 혹은 불안해서 말을 못하는 것인지, 아니면 자신의 생각을 정리하느라 시간이 필요한 것인지, 피곤한지 등 내담자의 침묵의 의미를 헤아려보아야 한다.

이때 내담자가 이미 미술작품을 만든 이후라면, 미술 표현에 드러난 내담자의 모습을 살펴보는 것도 도움이 된다. 미술 작업을 할 때는 집중하다가도 막상 작업이 끝나고 나서 이야기를 시작하면, 말을 매우 아끼는 내담자들이 있다. 이러한 경우에는, 침묵 자체에 대해 치료사가 이야기해줄 필요가 있다. 이를테면, "때로는 하고 싶은 이야기가 많은데, 어디부터 시작해야 할지를 몰라서 못할 때도 있지요" "말하기가 쉽지 않으신가 봐요, 어떠신가요?" 같은 말로 운을 떼어줄 수 있다. 혹은 작업 내용에서도 빈약한 표현만이 간신히 드러나고 이야기도 거의 없는 내담자도 있다. 그럴 경우 미술 작업의 수준이 내담자에게 적절했는지 여부를 먼저 살펴보아야 한다.

치료적 분위기가 잡히지 않아서 분위기가 썰렁해지기도 한다. 처음 만남이라면 시작할 때 치료사가 좀 더 적극적으로 나서야 한다. 자신에 대해 소개하고 미술치료에 대해 간략하게 설명해주는 것은 분위기를 조성하는 데 도움이 된다. 또 내담자에게 미술치료에 대한 기대나 부담을 이야기하도록 하는 것도 좋다.

내담자에게 자신의 그림에 대해서 일방적으로 혼자서 이야기하도록 하는 것은 특별한 경우를 제외하고는 그것만으로 깊이 있는 상호작용을 하기는 힘들다. 치료사가 내담자의 말에 반영된 감정들을 반영해주면서 말을 따라가고 다시 생각할 기회를 주어야 한다.

무엇 때문에 분위기가 썰렁하게 느껴지든, 해결책은 미술치료사가 적극적으로 나서야 찾을 수 있다.

아이 엄마가 문제예요

　미술치료를 하다 보면 누군가의 이야기에 자신도 모르게 편을 들기 마련이다. 아동이나 청소년 내담자를 만나면 특히 그러하다. 내담자의 잘못된 행동이나 비뚤어진 마음의 이면에 사랑 받지 못한 기억, 상처 입은 관계가 자리 잡고 있음을 알게 되면, 내담자에게는 측은한 마음이 들고 내담자의 부모에게는 '왜 그러셨을까' 하는 답답함과 원망의 마음이 생기게 된다. 심하게 때린 부모, 말을 함부로 했던 부모, 자기 자식을 다른 사람과 비교하고 평가절하 하는 부모, 자신의 기분에 따라 이랬다저랬다 하는 부모 등 내담자의 이야기에 등장하는 부모들은 부족하고 못난 모습을 보인다.

　치료 회기 전후로 아이를 데리고 온 부모와 이야기를 할 기회가 생기면, 아이에게 이렇게 해보시라고 권하거나, 어떤 행동을 되도록 삼가시라고 조언하게 된다. 하지만 대부분의 부모는 그러한 말을 잘 따라 하지 못한다. 어떤 부모들은 변명이 길다. 또 다른 부모들은 신세 한탄을 한다. 자식을 위해 무엇을 할 수 있을까에 초점을 맞추지 못하고 자기 자신이 얼마나 힘든가에만 초점 맞추는 부모가 많다. 이런 부모들을 계속 만나면 미술치료사도 마음 한편에서 지치게 된다.

- 아무리 치료 시간 동안 아이의 마음을 알아주고 맺혔던 것을 풀어주고 다시금 용기를 불어넣으면 뭘 하나, 집에 가서 또 똑같은

스트레스를 다시 받고 올 텐데…….

- 저 어머님은 왜 다른 사람의 이야기엔 귀를 기울이지 않으실까.

이런 생각이 들면, 자신도 모르게 편을 나누게 된다. 약하고 상처 입은 내담자는 같은 편으로, 그리고 그 내담자를 힘들게 만드는 부모는 상대편으로 나눈다. 그러면서 부모의 마음을 헤아려주고 자녀 양육에 있어서 용기를 북돋워주기보다는 부모의 약점이나 잘못을 지적하게 되는 경우가 많아진다. 하지만 이렇게 되면 궁극적으로 아동/청소년 내담자의 회복도 더디게 될 뿐이다.

우리는 부모를 '어른'이라고 보기 때문에 잘못이나 실수에 대해 너그럽게 봐주지 않는다. 물론 좀 더 성숙한 어른으로서 부모의 역할을 잘 감당할 수 있다면 더 좋을 것이다. 그러나 어디 사는 것이 그러한가 말이다. 조금 더 부족하고 덜 부족하고의 차이일 뿐일 때도 있다. 지금 주어진 상황에서 최선, 혹은 차선의 결과를 얻어내기 위해서는 꼭 기억해야 할 것이 있다. 바로 부모도 내담자라는 점이다. 미술치료 시간에 치료사 앞에 앉아 있는 사람은 아동이거나 청소년이고, 부모는 잠시 그 아동을 데리고 온 사람이라 하더라도 크게 봐서 모두가 내담자라고 보는 것이 좋다. 그래야 치료사가 마음으로 품을 수 있는 여지가 생긴다.

요즘은 상담 기관마다 아동이나 청소년 내담자가 오면 그 부모님(혹은 어머니)도 최소 5회 정도 개인 상담을 받도록 하는 곳이 늘어나고 있다. 반드시 해야 한다는 강제 조항을 둔 상담소에서 종종 듣게 되는 말은, 처음에는 뭐 이렇게까지 해야 하나 싶었지만 하고 나서 보니 좋았다는 부모들의 경험담이다.

우리는 부모를 '어른'이라고 보기 때문에 잘못이나 실수에 대해 너그럽게 봐주지 않는다. 하지만 치료에서 최선의 결과를 얻으려면, 부모도 아동도 모두 내담자라고 보는 것이 좋다. 그래야 치료사가 마음으로 품을 수 있는 여지가 생긴다.

굳이 어머니가 문제라거나 부모에게 문제가 있다는 식의 관점이 아니라, 자녀를 이해하고 양육하는 태도에 대해서도 도움을 받고, 더불어 자기 자신에 대해서도 돌아볼 수 있는 시간을 제공하기 위함이다.

좀 더 가득 채우고
다양하게 그리세요

그림을 그려보자고 제안했을 때, 어떤 내담자는 그림에 많은 이야기와 감정을 담아서 표현하고 또 다른 내담자는 그렇게 하지 못한다. 특히 회화에 서투르거나 그림 그리는 기술이 어눌할 경우에는 말할 것도 없다. 이 사람들이 "다 했어요"라고 말하는 그림을 봤을 때 별로 많이 그리지 않은 것처럼 보인다면, 흔히 "조금 더 그려보시겠어요?" 내지는 "배경에 색을 좀 더 칠해보시겠어요?" 등의 말을 한다. 이것은 마치 유치원이나 초등학교 때 선생님들이 '좀 더 풍성하고 좀 더 많이' 그리도록 재촉하는 것과 유사하다.

그런데 정말 그림은 뭔가를 더 많이 그리거나 더 많이 색칠해야 좋은 것일까? 미적인 판단에서 그러한 것이 더 좋다고 말하기도 어려운데, 하물며 마음을 표현하는 미술치료에서 양의 많고 적음으로 판단할 수 있을까? 말을 많이 한다고 해서 상담 효과가 더 높지 않은 것과 마찬가지이다. 한마디만 하더라도 마음을 담아서 전달할 수 있는 말이 있고, 많이 하더라도 그저 거품처럼 의미 없는 말일 수 있다.

내담자가 그림을 그렸는데, 별로 많이 그리지 않았다면 다음의 경우 중 하나이다.

- 그림으로 충분히 표현할 수 있는 사람이지만 지금 이 그림에 대해서 어떻게 그려야 할지 감을 잡지 못해서 표현이 나오지 않은 경우일 때
- 표현이 적지만 내담자 입장에서는 충분히 표현한 상태일 때
- 그림으로 뭔가 표현한다는 것이 어떤 것인지 아예 감이 잡히지 않는 경우일 때
- 표현하고 싶은 바는 있지만 그림은 도통 손에 익지 않을 때
- 오늘은 그림을 그리고 싶지 않은 상태일 때

이 각각의 경우에 대해서 그냥 '좀 더 가득 채우고 많이 그려보세요'라고 말하는 것이 얼마나 부적절할지는 충분히 상상이 될 것이다. 그렇다면 이러한 경우에 어떻게 도울 수 있을지 생각해보자.

우선, 그림으로 표현할 수 있는데 감을 잡지 못하고 있는 경우에는 시작을 도와주도록 한다. 시작이 좀 더 쉬워지게 굵고 부드러운 획을 그어보거나, 아니면 도화지에 밑칠을 한다든가, 혹은 색도화지를 써본다.

표현이 적어 보이지만, 충분히 표현한 것인 경우에는 내담자가 자신의 작품에 대해서 이야기하고 설명할 수 있도록 여유를 가지고 기다려준다. 그리고 치료사가 작품에서 느끼는 감정과 인상을 나누면서 내담자의 삶으로 연결시키도록 한다.

그림으로 표현한다는 것이 감이 잡히지 않는 경우라면, 미술작품이

나 일러스트레이션을 보고 응용해서 그리도록 할 수 있다. 뭔가 눈으로 보게 되면 아이디어를 생성하거나 발전시키기가 쉬워진다. 이것은 자신을 표출할 단어를 찾고 있던 사람에게 여러 가지 종류의 단어를 제공하는 것과 유사하다.

그림이 손에 익지 않은 경우에는 처음부터 그려야 하는 회화를 피하고 그 외의 매체나 방법을 사용해본다. 평면 작업은 잘 못하는데 입체 작업을 잘하는 경우도 있다. 특히 남자아이나 청소년 중에는 평면 작업에 집중하지 못하는 반면, 입체 작업에서는 놀라운 집중력과 완성도를 보이는 경우가 종종 있다.

만약 내담자가 오늘은 그림을 그리고 싶어하지 않는다면, 굳이 그림을 그리도록 고집할 필요가 없다. 치료사가 대신 그려주어도 되고, 아니면 낙서하듯 끄적거리며 대화를 이어가는 것도 방법이다. 뭔가를 하고 싶지 않은 상태가 있다는 말은, 다음번엔 하고 싶은 상태가 될 수도 있다는 말이다.

종합하면, 그저 막연하게 도화지를 채우고 더 많이 그리라고 하기보다는 내담자의 마음과 상태를 헤아려서 (혹은 물어보고) 그에 맞추어주는 것이 필요하다.

N G   1 2

그림은 당신이 그리셔야죠

종종 미술작품은 내담자의 자기표현이기 때문에 오롯이 내담자만 미술치료에서도 미술치료사가 어떤 부분을 도와서 그려주더라도 그 작품 전체는 내담자의 자기표현이다. 따라서 너무 완고하게 '내담자가 그려야만 내담자의 자기표현이다'라는 명제에 얽매이지 않아야 한다.

그려야 한다고 오해하기 쉽다. 하지만 꼭 그러지 않아도 된다. 얼마든지 치료사가 도와주어도 된다. 치료사가 대신해주어도 되고, 극단적으로는 치료사가 다 그려주어도 된다. 그렇게 하더라도 내담자의 자기표현이다. 이것은 마치 말로 하는 상담에서 내담자가 자신을 표현할 말을 잘 찾지 못하고 있거나 혹은 내담자의 마음을 반영해주어야 할 필요가 있을 때 상담자가 또 다른 언어로 내담자의 마음을 정리하고 표현해주는 것과 같다. 내담자가 한 말을 기계적으로 반복하지 않으면서 내담자의 마음을 거울에 비추듯 비추어주는 작업은 상담자의 언어를 빌려 내담자가 하는 자기표현이라 할 수 있다.

미술치료에서도 미술치료사가 어떤 부분의 표현을 도와주더라도 그 작품 전체는 내담자의 자기표현이다. 따라서 너무 완고하게 '내담자가 그려야만 내담자의 자기표현이며 내담자의 작품이다'라는 명제에 얽매이지 않아야 한다.

내담자가 그림을 전체적으로 그려야 한다는 개념은 아마도 내담자가 작품의 소유권자나 저작자라는 관점에서 생긴 듯하다. 하지만 미술치료에서의 목표와 목적이 미술작품의 제작이 아니라는 것을 기억해보자. 작품은 치료 과정이 집약되어 있는 것이며 내담자의 자기표현이다. 따라서 치료 과정에서 치료사의 흔적이 작품에 나타나는 것은 이상한 것이 아니다.

내담자의 작업을 지켜보다 보면, 어떤 부분에서 무엇 때문에 막혀있는지 무엇이 어려운지 알아차릴 수 있다. 그럴 때는 혹시 이러이러한 것 때문에 어렵지 않은지 물어보아도 된다. 그리고 상대가 요청하면 도와주는 것이 좋다. 내담자가 어려워하는 것이 명백히 보이는데, 아무 말 없이 마냥 기다리기만 하는 것은 어떤 면에서 생각해보면 방치라고도 할 수 있다.

미술 작업에서 힘들어 하고 있는 부분은 사실 대단한 치료적 이슈가 드러나는 장면이라기보다는 그다지 중요하지 않은 걸림돌에 걸려 있는 상황에 불과할 때가 많다. 걸림돌에 걸렸을 때 그 돌을 치우고 빠져 나오는 것은 치료사의 도움이 있으면 훨씬 쉬워진다.

프로그램을 돌려요

학교라든지 복지관과 같은 기관에서 시행하는 미술치료는 프로그램을 중심으로 진행될 때가 다수 있다. 프로그램에는 어떤 주제를 사용할 것인지, 무슨 재료를 사용할 것인지, 어떤 목적으로 시행되는지 등이 명시되어 있다. '미술치료 프로그램'이라는 단어도 현장에서는 종종 사용되고, '이번엔 이러이러한 프로그램을 돌려요'라는 말도 심심찮게 듣곤 한다. '프로그램'은 일반화된 말처럼 사용되고 있기 때문에 굳이 그것을 비판하려는 것은 아니지만, 그래도 미술치료 분야의 특성상 조금 더 고민해보아야 하는 용어임에는 틀림없다.

마음을 다루는 치료는 다른 어떤 분야보다 상대방에게 맞추어 진행되어야 하는 과정이다. 치료 장면에 오게 된 원인이 '우울증'이라고 하자. 하지만 사람마다 우울의 모습이 다를 수 있고 원인이 다를 수 있다. 게다가 동일한 사람이라 하더라도 그날의 기분과 상태에 따라서 치료적인 개입법은 달라야 한다. 어떤 날은 지지해주면서 기다려주어야 하고, 다른 날은 보다 구체적인 주제와 체계적인 지시가 도움이 된다. 또 다른 날은 준비해둔 재료보다 더 부드럽고 감각적인 재료를 써야 하는 날도 있고, 그 자리에서 이야기하다가 나온 대상의 도안이나 패턴을 찾아서 작업해야 할 때도 있다.

달리 말하면 '프로그램'이라는 용어는 뭔가 기성복 같은 느낌을 준다. 상대방에게 맞추어주는 맞춤복이 아니라 이미 재단되어 나온 기성복 말이다. 기성복이 장점은 치수가 정해져 있기 때문에 자기 치수만 알면 쉽고 간편하게 살 수 있고 가격도 상대적으로 저렴하다는 점이다. 그런데 기성복에 잘 맞지 않는 사람들도 의외로 많다. 그래서 옷을 살 때 상하의 치수를 달리 하거나, 아니면 옷을 사고 난 다음에 다시 길이를 자르거나 늘이는 사람들도 있다. 미술치료가 기성복처럼 하나의 프로그램으로 운영된다면, 그 프로그램에 맞지 않는 사람들이 많아질 것이다. 혹은, 기성복에 몸을 맞추어가며 입듯이 프로그램에 수동적으로 맞추어가며 경험해보는 수준에 그칠 것이다.

물론 프로그램이 사용될 수밖에 없는 상황이 있다. 앞서 말한 학교라든가 복지관, 각종 기관에서 시행하는 미술치료는 프로그램 위주로 진행된다고 했는데, 이는 미술치료를 실시하는 데 드는 비용 청구라든가 상부 기관 보고를 위해 미리 계획서를 제출해야 하기 때문이다. 계획서에는 어떤 프로그램을 할 것인지 구체적으로 적도록 요구한다. 사실 내담자를 아직 만나지 않은 상태에서 개략적인 특징만으로 어떡할 것이라고 유추하는 것이 바람직한 일은 아니지만, 주어진 상황에서 최선을 다한다는 의미로 그렇게 진행할 수도 있다. 일단 가장 표준적으로 할 수 있는 프로그램을 계획하고, 나중에 실제로 내담자를 만나게 되었을 때 조금 더 가감하는 것이다.

그러나 어떤 경우에라도 '프로그램을 돌려요'라는 말에 담긴 다소간의 기계적이고 틀에 박힌 듯한 절차를 진행하는 것은 아니라야 한다. 내담자와 만나는 매 순간이 그 자체로 고유하고 각각의 향기를 지니고 있다는 것을 잊지 말아야 한다. 그래서 할 수만 있다면 내담자를 만나면서 세부적인 진행과 절차를 만들어가는 것이 좋다. 내담자를 만나기 전에 프로그램을 짜야 한다면, 전체적인 틀을 잡되 세부적인 것은 내담자를 만나서 변동될 수 있는 여지를 두어야 한다. 미술치료 과정은 항상 내담자에게 초점을 맞추어야 한다는 것을 기억하도록 하자.

내담자와 만나는 매 순간이 그 자체로 고유하고 각각의 향기를 지니고 있다는 것을 잊지 말아야 한다.

말랑말랑한 이론

04

치료 비법

시간이 걸리는 일인 것 같다. 나를 처음 가르쳤던 첫 번째 슈퍼바이저는 내가 얼마나 답답하게 보였을까. 나의 두 번째 슈퍼바이저도 내가 얼마나 딱하게 보였을까. 그러나 나를 아홉 번째 가르쳤던 아홉번째 슈퍼바이저는 자신이 나의 슈퍼바이저라는 점이 좀 흐뭇했을지도 모른다.

자신이 먼저 해보세요

미술치료 기법들이 제대로 잘 쓰이도록 해주는 비법 가운데 가장 중요한 것은 그 누구에게보다도 자기 자신이 먼저 해보는 것이다.

무슨 기법을 쓰든지 반드시 자신이 먼저 해봐야 한다. 그러고 나서 자기가 경험한 기법을 타인에게 사용하는 것이 최선이다.

사실 미술치료 공부를 시작하는 사람에게 미술 기법을 가르치기 어려운 대목 중 하나가, 기법을 배우는 것과 그 기법을 경험하는 것이 다르다는 점이다. 어떤 특정 기법을 해본다고 해서 그 기법을 경험했다고 볼 수는 없다. 즉, 기법을 해보는 것은 그저 경험을 시작하는 것일 뿐이다. 치료 장면이 아니라 기법을 소개받는 강의에서 경험한 것이라면, 깊이 있게 체험하기 힘들다. 그리고 경험의 깊이가 얕으면 자신이 치료사가 되어 배운 대로 기법을 사용했을 때 치료사도 내담자도 맥 빠지는 결과가 나타나기 쉽다.

경험의 깊이는 매우 중요하다. 만약 자신의 마음을 완전히 열지 못한 상태에서 테크닉을 배우듯이 기법을 경험해보았다면, 다른 조용한 시간에 자신과 독대하여 그 기법을 체험하는 것이 중요하다.

한편, 조용한 시간에 혼자 그려보았다고 하더라도 미술치료 기법을 깊이 체험하기 힘들 수도 있다. 자신의 그림을 남에게 보여주지 않는다 하더라도, 진정 미술치료를 스스로 하는 것에 집중하지 않고 미술치료사로서의 다른 생각을 가지고 경험해보는 경우에 그러하다. 즉,

경험의 깊이는 매우 중요하다. 만약 자신의 마음을 완전히 열지 못한 상태에서 테크닉을 배우듯이 기법을 경험해보았다면, 다른 조용한 시간에 자기 자신과 독대하여 그 기법을 체험하는 것이 중요하다.

자신이 환자가 되어 그림을 그려보지만, 또 한편으로는 정말 기법이 제대로 되는지 알아보고 싶은 마음도 들고, 기법의 과정이 어떻게 되는지 냉정하게 관찰하는 마음도 생겨 혼자 조용히 자신을 독대할 수 없게 되는 것이다. 그럴 때는 다시금 자신의 마음을 가다듬어야 한다. 특정 기법이 어떤 결과를 낳더라도 괜찮다고 스스로에게 말해주어야 한다. 그냥 한번 느껴보자는 것이다. 스스로 결과를 통제하려고 애쓰지 말고, 그냥 흐르는 대로 두어야 한다. 그것이야말로 참된 경험을 가지게 해줄 것이다. (설사 그 참된 경험의 결론이 '이 기법은 내게 안 통한다'라는 것이라고 하더라도.)

미술치료 기법을 배운다는 것은 자기 자신이 진정한 깊이까지 경험을 한다는 것을 의미한다. 무엇보다 자기 자신의 솔직한 반응을 스스로 보는 것이 기법을 이해하는 첫걸음이라 할 수 있다.

비 법 2

자신이 하는 일을 이해하세요

미술치료가 치료적 효과를 충분히 발휘하려면 치료사 자신이 무엇을 하고 있는지 알아야 한다. 한두 달 정도 열심히 아동을 만나고 나서 '이 아동은 나와 맞지 않은가 봐, 다른 사람한테 의뢰할까?'라고 생각한다면, 그 사람은 치료에 대해 전혀 감을 잡지 못한 초보자이다.

무엇을 제공하고 있고, 무엇을 제공해야 하는지, 현재하고 있는 일의 의미가 무엇인지에 대해 자기 스스로 설명할 수 있어야 한다.

구체적으로 이야기하자면 일단 자기가 만나는 내담자의 문제를 파악할 수 있는 눈을 지녀야 한다.

- 내담자의 문제가 우울함인가?
- 그렇다면 어떠한 종류의 우울함인가?
- 분노가 감춰진 우울함인가, 혹은 희망을 버린 우울함인가?
- 어떤 식으로 표출되고 있는가?
- 오랫동안 지속된 것이라면 왜 하필 이 시기에 치료에 참여하게 되었는가?
- 어떠한 동기나 사건, 변화가 선행되었는가?
- 이 내담자에게는 장기적인 치료 목표를 무엇으로 선정할 수 있는가?
- 구체적인 목표 수준을 잡으면 어떤 것인가?
- 그 목표를 세부적인 영역들이나 단계들로 나눌 수 있는가?

나누었다면 그것을 단계별로 성취하기 위해 여러 가지 치료적인 개입을 생각해본다.

- 어떤 개입을 할 수 있는가?
- 어떤 수준이 되어야 치료를 종결할 수 있을 것인가?
- 전체적인 치료의 청사진 속에서 오늘 만남은 어느 수준에 와 있으며, 어떻게 개입할 것인가?
- 예상과 달리 내담자의 반응은 어떠했으며, 무슨 수확을 거둘 수 있었는가?

• 해결되지 않고 남아 있는 문제 영역은 무엇인가?

이 모든 질문들은 치료 작업이 진행되면서 구체적인 수준에서 치료사가 대답해야 하는 질문들이다. 이 질문들에 치료사가 답할 수 있도록 훈련시키는 것이 소위 말하는 치료 공부이다.

그다음 생각해보아야 할 것은 치료 작업이 치료사에게 가지는 개인적인 의미이다. 그 개인적인 의미는 개개인마다 다를 것이다. '왜 치료사가 되기를 원하는가'에 대해 치료사 자신의 고통 극복의 또 다른 표현도 하나의 이유인 것은 앞에서도 이야기했다. 또 치료사 자신이 추구하는 더 높은 가치, 자신의 생의 의미를 추구하는 고귀한 수단으로서 치료사가 되기를 원했을 것이다.

대개 치료사가 되겠다고 결심한 이면에는 사람에 대한 믿음과 희망, 아파하는 사람에 대한 선한 연민, 의미 있는 일에 대한 열망 등이 복합적으로 존재한다. 하지만 실제로 부딪히는 나날의 치료 작업과 치료를 공부하는 단계들은 아주 사소하고 의미 없어 보이는 일상들로 점철되어 있다. 이러한 점들이 곧잘 초보 치료사들을 위협하는데, 이 위협은 특히 '이것이 도대체 무슨 의미가 있는가?'라는 질문의 형태로 나타난다.

그러므로 치료사는 시야가 좁아지지 않도록 노력해야 한다. 당장 당면한 공부가 힘들고, 실습지에서 느끼는 스트레스가 버겁고 무슨 의미인지 종잡을 수 없다 하더라도, 이 모든 과정이 원래 자신이 치료사가 되길 원했던 귀한 목표를 이루어주는 소중한 단계들임을 잊어서는 안 된다.

아마도 의미를 찾을 수 없는 것에 쉽사리 답하지 못하는 이유는 두 가지일 것이다. 하나는 자기 자신이 치료를 경험하지 못했기 때문이고, 다른 하나는 다른 사람이 치료를 통해 낫는 것을 보지 못했기 때문이다.

치료 학문은 자연과학 같은 학문과는 달리, 삶의 학문이고 경험의 학문이며 개인적인 학문이다. 자연과학의 진리는 믿음이 필요한 세계가 아니다. 1기압에서 섭씨 100도가 되면 물이 끓는다. 물이 끓는지를 알기 위해 내 인생을 개입시켜야 할 필요가 없다. 하지만 치료 학문은 그것과 달리 내 인생이 개입되어야 한다. 정말 사람이 낫는가, 라는 문제에 대답하기 위해서는 내가 낫는다는 것을 반드시 경험할 필요가 있다.

미술치료는 두말할 필요 없이 자기 자신이 먼저 미술치료를 통해 치료될 수 있어야 한다. 미술 과정을 체험하면서 자신이 진심으로 치료를 체험한 경험이 있어야만 다른 사람에게도 미술치료를 할 수 있는 것이다.

자신이 치료적 과정을 경험했다 하더라도 다른 사람이 치료를 통해 낫는 과정을 볼 수 있는 안목이 금방 생기지는 않는다. 그 안목은 두 가지 영양분을 먹고 자라는데, 하나는 지식이고 다른 하나는 경험이라는 영양분이다. 많이 읽고 깊이 생각하고 논의하고 다시 성찰하고 직접 부딪히며 하나하나 쌓는 수밖에 없다.

안목은 두 가지 영양분을 먹고 자라는데, 하나는 지식이고 다른 하나는 경험이라는 영양분이다.

따뜻함과 여유를 지니세요

미술치료 기법이 제대로 효과를 발휘하려면 치료사 자신의 삶 속에 따뜻함과 사람을 향한 여유가 있어야 한다.

삶이 너무 빡빡하게 느껴지면 자신의 삶의 진가를 잃어버리기 쉽다. 스트레스가 너무나 크고 갑작스럽게 다가와서 사람이 무너지기도 하지만, 때로는 스트레스가 오랫동안 지속되어 사람이 상하기도 한다. 하루하루를 두고 보면 대체로 간신히 감당할 만큼 스트레스를 받고 있다고 할지라도, 그것이 오래 지속되면 그 사람은 매우 상하게 마련이다. 스트레스의 강도와 지속성을 잘 살펴서 자신에게 감당하기 힘든 것들은 포기할 수 있어야 한다.

스트레스란 내가 원치 않는데 나의 의지와 상관없이 오는 것은 아니다. 그보다는 내가 가지려고 하는 것을 쥐는 과정에서 부가적으로 따라온 것일 뿐이다. 내가 무엇을 얻고 있고 무엇을 잃는지를 살펴서 버릴 것은 스스로 버리는 삶이 치료사로서의 따뜻함과 여유를 잃지 않도록 해준다.

실패의 두려움을 극복하세요

치료사가 가지는 두려움은 여러 가지 종류가 있다. 그중 가장 큰 것은 실패하는 것에 대한 두려움이라 할 수 있다. (사실 치료 과정에서 치료사의 비효과적인 개입을 '실패'라고 부르는 것은 적당치 않다. '부적절한 개입'이라고 부르는 편이 훨씬 정확하다. 하지만 여기서 '실패'라는 단어를 쓴 것은 치료사 자신의 개인적인 느낌이 실패로 느껴진다는 점을 말하기 위해서이다.)

내담자가 별로 반응이 없다고 느껴진다든지, 함께 치료에 들어온 다른 치료진의 표정이 썩 달갑지 않다든지, 치료 과정에서 내담자나 환자가 강하게 반발한다든지 할 때 치료사는 무언가 잘못되었다고 느끼고 당황하게 된다.

그러한 느낌은 왜 치료사를 당황하게 만들까? 내담자가 치료에 도움을 받지 못하니까라고 할 수 있을 것이다. 하지만 사실 그것은 이유가 되지 않는다. 보다 솔직한 이유는 치료사의 능력에 대한 의문과 위협을 스스로 감지했기 때문이다. 누군가 면전에서 "당신의 치료 능력은……" 운운하지 않더라도 자신의 능력에 대해 회의 섞인 의문을 갖게 되었기 때문이다.

실패는 두렵다. 그리고 기분 좋지 않은 일이다. 하지만 실패에 대한 두려움을 극복하려면 계속해서 몇 번이고 실패해보는 수밖에 없다. 그러다 보면 실패에 대한 막연한 두려움의 무게가 가벼워진다. 이것이 바로 새롭고 의미 있는 단계로 진입하는 신호라고 할 수 있다. 즉, 똑같은 실수를 반복하지 않게 되었다는 신호인 것이다. 그리고 그때가 되면 치료 과정에서 실패라는 단어가 있을 수 없다는 것도 깨닫게 된다. (참! 한 가지 더. 치료 기간 동안 실패를 최소화하려면 반드시 슈퍼비전을 받는 것이 좋다.)

비 법 5

일희일비하지 마세요

뭔가 일이 잘 풀리고 좋은 말을 들으면 기분이 좋아지고, 듣기 싫은 말을 듣거나 일이 잘 안 풀린다 싶으면 기분이 가라앉는다. 일희일비는 우리 누구나 경험하는 것이지만, 치료 상황에서 더 많이 경험하게 되기도 한다. 내담자가 우울한 먹구름을 몰고 와서 함께 마음이 가라앉기도 하고, 치료사에게 날카로운 상처를 입히고 가면 치료 회기가 끝나고 난 다음에도 귓가에 아픈 말들이 윙윙거리기도 한다. 일하고 있는 기관에서 존중받지 못할 때에는 화가 나고 좋은 평가를 받으면 뿌듯해진다. 이러한 일 외에도 치료사 개인의 삶에서 겪게 되는 희로애락이 마음을 들뜨거나 기쁘게 하기도 하고 가라앉거나 슬프게 하기도 한다.

희로애락을 피할 수 없는 것이 삶이라지만, 일희일비가 잦을수록 마음의 잔주름은 깊어지기 마련이다. 나이가 들고 조금 더 성숙해진 사람들은 크게 동요하지 않고 살아가는 삶에 대해 이야기한다. 치료사의 경우도 마찬가지여서, 마음에 중심을 잡고 자연스럽게 움직이되 지나치게 흔들리지 않는 삶을 지향한다.

지나친 흔들림의 이면에는 흑백논리적인 생각이 자리 잡고 있어서 내 편과 네 편을 나누는 이분법에 따라 움직인다. 인생사 흑백논리로 풀기 시작하면 화나지 않는 일이 어디 있으랴. 흑색과 백색을 뒤섞어서 두루뭉술하게 만드는 것은 바람직하지 않다. 하지만 그 두 가지 색 사이에 수많은 회색들을 볼 수 있고 인정할 수 있어야 마음에 힘이 생기는 것이다.

마음에는 잔주름보다 잔근육이 있어야 힘을 쓰지 않겠는가. 마음의 작은 근육들은 일희일비하며 흔들거리는 마음을 붙잡아주고 힘을 실어줄 것이다. 어떤 일을 만나든, 무엇을 경험하든 100퍼센트라고 생각하지 않는 데에서 잔근육이 생기기 시작한다. 100퍼센트 나쁜 것도 없고, 100퍼센트 좋은 것도 없다. 모든 나쁜 것에 어떤 부분은 사용할 수 있는 이점들이 있을 것이며, 좋은 것이라 여겨지는 것에도 그에 대한 대가가 존재할 것이다.

사람과의 만남에서는 더욱 그러하다. 치료사를 힘들게 하는 내담자일수록 좋은 쪽으로의 변화가 더 크게 나타나기도 한다. 그러므로 희망을 가져도 좋을 것이다. 반대로 치료사에게 듣기 좋은 말을 하는 내담자들이 꼭 그렇게 긍정적인 변화만을 보이지는 않는다. 그러므로 그런 내담자들에게는 더더욱 자기 내면의 이야기들을 가감 없이 내어보일 수 있도록 장을 펼쳐주기로 하자.

100퍼센트 나쁜 것도 없고, 100퍼센트 좋은 것도 없다. 모든 나쁜 것에 어떤 부분은 사용할 수 있는 이점들이 있을 것이며, 좋은 것이라 여겨지는 것에도 그에 대한 대가가 존재할 것이다.

내담자와 안 맞는 경우도 있어요

치료사들의 바람은 아마도 한 가지일 것이다. 내가 맡은 내담자가 좋아지고 잘 마무리할 수 있기를 바라는 것이다. 그런데 치료의 처음부터 삐거덕거리는 경우도 있다. 도대체 뭐가 문제인지도 잘 모를 정도로 맞지 않는 내담자도 만난다. 미술치료를 받으러 와서는 "전 미술 딱 싫어요!"라고 하는 사람도 있고, "아니 뭐 이런 걸 다 해야 해요?"라며 빈정대는 경우도 있다. 이런 경우 치료실에 들어와서 긴장되는 마음을 헤아려주고, 현재 여러 가지로 어렵고 좋지 않은 상태임을 감안해서 미술치료가 돕기 위한 것임을 차근차근 설명해준다.

하지만 안타깝게도 치료사와 맞지 않는 내담자들은 더러 존재한다. 어떤 치료사들은 '맞지 않는 내담자'에 대해 부정하는데, 나는 그런 내담자도 있다고 본다. 그리고 어떤 치료사와 잘 맞지 않는다고 해서 모든 치료사와 잘 맞지 않는 것은 아니다. 다르게 표현하면, 치료에서도 좀 더 잘 기능할 수 있는 '궁합' 같은 것이 있다. 물론 그 궁합은 사주나 혈액형 같은 것으로 알 수 있는 것이 아니므로 치료에서 최선을 다해보는 수밖에 없다.

자신과 잘 맞지 않는 내담자를 만나는 경우에 최선을 다하되 감정노동으로 시달릴 필요는 없다는 것을 꼭 기억하길 바란다. 치료사라는 직업은 상대방에게 감정적으로 학대당하는 자리가 아니다. 상대방이 지나치게 나온다면 거절하는 것이 치료적으로 더 합당하다. 자신은 노력하지 않으면서 그저 치료해놓으라고 떽떽거리는 내담자가 있다면, 함께 노력하지 않으면 안 된다고 거절하는 것이 맞다.

한때 우리나라에서 서비스 업계에 종사하는 사람들이 지나치게 굽실거리고 어떤 모욕이나 희롱도 다 참던 시절이 있었다. 그러던 중 모 카드 회사에서 전화 응대를 하는 직원들에게 무례하거나 부적절한 언사를 하는 고객의 경우 두세 번 경고를 하고 그래도 바뀌지 않으면 먼저 전화를 끊으라고 지침을 바꾸었다. 그랬더니 악성 고객도 줄어들고 직원들의 이직률도 낮아졌으며 일반 고객이 기다려야 하는 시간도 줄어들었다.

마찬가지이다. 미술치료사들도 자신의 내담자에게 최선을 다하되 자신과 잘 맞지 않는 내담자가 있을 수 있음을 인정해야 한다. 더불어 지나친 감정 노동을 요구하는 내담자가 있다면 어떤 부분에서 분명하게 거절하는 것이 훨씬 더 치료적 접근임을 기억하자.

많이 하려 하지 말고 적게 하세요

미술치료를 처음 할 때에는 뭔가 더 많이 해주어야 할 것 같은 마음의 압박을 받을 것이다. 미술 재료도 이것저것 많이 준비해야 할 것 같고, 이게 잘 안 되면 저것을 시도해보아야 할 것처럼 느낀다. 내담자가 쉽게 시작을 하지 못하면 빨리 시작할 수 있게 이것저것 물어가며 도와주어야 할 것 같다. 그림을 끝내고 나면 질문도 이것저것 해야 할 듯하다.

이렇게 '이것저것 하는 것'이 좋을까?

미술치료를 잘하려면 '적게 하고 길게 하라'라는 말을 기억해보자. 미술치료에서의 성공적인 키워드는 미술 안에 있는 치유적 힘을 어느 정도 끌어오느냐 하는 데에 있다. 그 힘을 이끌어내기 위해서는 '적게 하고 길게 할' 필요가 있다.

빨리 많이 하는 것이 더 강력할까, 아니면 천천히 오래하는 것이 더 강력할까. 아마도 후자일 것이다. 똑똑 떨어지는 물방울이 바위도 뚫는 것처럼, 우리 삶에서도 천천히 오래도록 할 수 있다면 해결하지 못할 일이 없을 것이다. 그러므로 미술치료가 뭔가를 지나치게 많이 하는 것이 아니라는 점을 기억하자. 치료사가 지나치게 많이 하게 되면, 내담자가 할 수 있는 일이 줄어든다. 그리고 줄어든 만큼 내담자의 마음에 남는 것도 적어진다.

자녀를 현명하게 키우는 부모들은 자녀의 몫까지 침범하지 않는다. 부모가 해줄 수 있더라도 기다리고 자녀가 서툴거나 잘하지 못하더라도 지켜본다. 공부에서든 인생에서든 정답을 알더라도 자녀에게 기회를 주고, 때로 자녀가 오답을 내놓더라도 과연 그러한지 점검할 수 있는 시간을 보장한다. 치료 시간도 이와 유사하다. 내담자의 몫이 있는데 치료사가 침범한다면 내담자는 무능해지거나 의존하게 될 것이다. 치료사가 뭔가 해줄 수 있다고 하더라도 시간과 속도를 맞춰가며 기다리는 것이 더 좋다. 또, 어떻게 해야 문제가 해결될 것인지 가르치는 것이 아니라 내담자가 해결책을 찾고 점검해가는 과정을 보호하고 지켜준다.

보이지 않는 것을 믿으세요

- 마음의 문제를 다루고 풀어가고자 한다면, 눈에 보이지 않는 것을 믿어야 한다. 말로 하지 않더라도 마음에서 마음으로 전달된다는 것을 믿어야 한다. 좋지 않은 것도 느낄 수 있지만 좋은 것도 느낄 수 있다는 것을 믿어야 한다. 우리가 신뢰하는 것과 의미를 두는 것이 상대에게 영향을 끼친다는 것을 믿어야 한다.

- 상한 마음을 어루만지고 상처 입은 사람을 돕는다는 것이 가치 있는 일임을 믿어야 한다. 살아가면서 사람보다 더 중요한 것은 없다는 것 역시 믿어야 한다.

- 마음을 지켜내기가 어려울 때에는 행동을 먼저 하고 나서 마음이 행동을 뒤따라올 수 있음을 믿어야 한다.

- 내담자에게 지치거나 실망할 때도 있다. 하지만 노력하는 것에 의미가 있다는 것을 믿어야 한다.

- 그 사람이 나와 하는 치료 작업에서 바뀌지 않을 수도 있다. 그러나 치료 작업에서 한 발 두 발 걸어간 것으로 언젠가 마침내 가야 할 목적지에 가게 된다는 것을 믿어야 한다.

마음의 근육을 키워주세요

　무엇을 하든지 어떤 말을 듣든지, 그것을 소화하는 능력이 중요하다. 인간관계에서 겪는 다양한 일들과 삶의 면면을 잘 소화하려면, 마음에 근육이 있어야 할 것이다. 그렇다고 너무 급하게 근육을 만들려고 하지 말자. 조금씩 무리가 되지 않는 범위에서 차근차근 만들어가는 것이 건강한 근육이 아닐까. 너무 급하게 하려고 하다가 지치는 사람들을 보곤 한다. 좋은 선택을 했지만, 일단 지치게 되면 그것이 무엇이든 시들해지고 별 볼일 없는 일이 되기 마련이다. 미술치료사가 되는 것은 직업으로서의 매력도 크지만 자기 자신의 삶을 풍성하게 해줄 수 있는 좋은 선택이다. 하지만 급하게 서두르면서 무리를 하게 되면, 지치기도 지치거니와 잘못하면 마음에 멍이 들 수도 있다. 근육을 만들려고 무리해서 무거운 아령을 들면 어떻게 되겠는가. 근육통이 생기거나 최악의 경우엔 근육이 파열될 수도 있다.

　천천히 그리고 차근차근 꾸준히 해나가는 것이 중요하다. 심리적 변화와 인간의 성장에 대한 것은 머리로 이해하는 것만으로는 되지 않는다. 그것은 마치 무늬는 완벽하지만 실제로 기능하지 못하는 장식처럼 힘이 없다. 머리로도 이해하고 마음으로도 소화해서 자신의 것으로 충분히 흡수했을 때 마침내 힘을 발휘할 수 있을 것이다. 좋은 미술치료사가 되기 위해서 달팽이처럼 느리게 가더라도 꾸준히 갈 수 있다면, 그 한 걸음 한 걸음이 힘을 지니게 될 것이다.

미술의 힘을 느끼세요

무엇보다 미술치료사 스스로가 미술의 힘을 느끼는 것이 중요하다. 미술치료를 하는 사람들은 거의 대부분, 미술을 할 때 집중이 되고 그 과정 내에 푹 빠져서 시간 가는 줄을 몰랐다는 경험을 가지고 있을 것이다. 그러한 경험들이 하나하나 모여서 좋은 미술치료사를 만들어간다.

마음의 경험을 이미지로 바꾸는 과정을 자주 접해본 미술치료사라야, 이미지가 가지는 힘을 신뢰할 것이다. 이 책에 소개된 기법 하나하나를 자기 자신이 먼저 해보도록 하자. 처음에 어색하거나 혹은 어설퍼 보인다 하더라도 괜찮다. 계속하는 것이 중요하다.

미술이 어느 정도 익숙해지면 미술치료사로서 일할 때에 큰 힘이 된다. 실기 능력이라는 것은 한편으로는 타고 태어나는 재능이기도 하지만, 다른 면에서는 부단한 노력으로 가꾸는 것이기도 하다. 그러므로 자기 자신이 즐겁게 미술치료사로 일하기 위해 미술을 자신의 편으로 만들도록 하자.

미술치료사의 전시회

내가 미술치료를 공부하던 시절만 하더라도 국내에서 미술치료를 공부할 수 있는 대학원이 없었다. 그래서 미국으로 건너가서 공부를 했는데, 그곳의 분위기나 경향은 미술치료사에게 있어 미술은 매우 중요하며 핵심적인 활동이라고 보는 것이었다. 드물지 않게 미술치료사의 개인전도 있었고, 여러 명의 미술치료사의 작품전이나 혹은 치료 기관에서 내담자와 환자가 그린 작품전도 열리곤 했다. 지도 교수님의 작품에서 그분의 따뜻함과 온화함을 다시금 느꼈던 순간도 있었다. 미술치료 분야를 출발시킨 두 명의 인물로 마거릿 나움버그Margaret Naumburg와 이디스 크레이머를 꼽는데, 그들 중 크레이머는 여전히 화가로도 활동하는 미술치료사이다. 크레이머는 1년 중 4개월가량은 오롯이 작품 활동에만 매진한다고 했다. 수업을 통해 뵌 크레이머는 소탈하고 에너지가 넘치는 느낌이었다. 어쩌면 계속되는 그림 작업이 그분께 끊임없는 에너지원이 되어주지 않을까 하는 생각도 들었다.

국내에 미술치료 대학원이 생기고 미술치료사들도 배출되면서 학술적인 성과뿐 아니라 전시회도 풍성해졌다. 미술치료 전공자의 졸업 전시회가 열리고 임상 현장에서 작업한 치료사와 내담자, 환자의 작품이 전시되고 있다. 학회 차원에서 전시회가 진행되기도 한다. 일례로 한국미술치료학회의 경우 2007년에 학회 회원들을 중심으로 세 번째 전시회를 서울시립미술관 경희궁 분관에서 열었다.

주리애, 〈Art as Therapy〉(2013)에 출품한 작품들

미술 작업을 계속하다 보면 작품들이 쌓이기 마련이다. 어떤 작품들은 보관할 장소가 넉넉지 않아서 사진으로만 남기고 폐기해야 하는 경우도 더러 있을 것이다. 한동안 작업한 것을 전시회를 통해 다른 사람들과 나누고 자기 자신에게는 작은 축하의 장을 마련하는 것도 미술치료사로서 누릴 수 있는 기쁨 아닐까?

전업 작가만이 전시회를 한다는 고정관념에서 벗어난다면, 준비하는 과정에서나 전시하는 기간 동안 즐기며 할 수 있을 것이다. 이러한 생각은 미술치료를 태동시켰던 아르브뤼, 혹은 아웃사이더 아트 Outsider Art와도 맥락이 닿아 있다. 즉, 미술이 전문 교육이나 소수 직업인에게 국한된 것이 아니며 그것을 사용하고 누리는 기쁨과 즐거움은 누구에게나 열려 있다는 것이다.

만약 전시회 공간을 마련하기가 여의치 않다면, 사이버 공간에서 전시회를 개최할 수도 있다. 자신의 개인 사이트(홈페이지나 SNS, 블로그 등)를 개설하고 그림을 올리는 것도 하나의 방법이다. 꾸준히 하다

아르브뤼(Art Brut)
전통적인 의미에서의 예술과는 관련이 없는 사람들이 만든 미술로서 세련되지 않고 다듬어지지 않은 거친 형태를 지닌 미술을 말한다. 주로 정신병원의 환자나 어린이, 혹은 아마추어 예술가 등이 작업한 것이며, 1940년대 프랑스 화가 장 뒤뷔페(Jean Dubuffet)가 이들 작품에 나타나는 순수한 미술 형태를 지칭하기 위해 사용한 개념이다.

보면 자신의 작품을 한눈에 보기에도 좋고 사람들과 나누며 소통하기
에도 좋다.

구체적인 비법 다섯 가지

좋은 치료사가 되기 위해 사용하는 방법은 다섯 가지로 요약할 수 있다.

첫째, 슈퍼비전을 받아야 한다. 미국의 유명한 정신과 의사 어빈 얄롬(Irvin D. Yalom)은 그의 책 『집단정신치료의 이론과 실제』(하나의학사, 2008)에서 슈퍼비전 없이 계속해서 경험만 쌓는 것은 오히려 그 치료사에게 좋지 못한 습관이 굳어지게끔 할 수 있기 때문에 효과적이지 않다고 했다. 슈퍼비전을 받지 않고 2년간 경험을 쌓는 것보다는 슈퍼비전을 받으면서 6개월간 경험을 쌓는 것이 훨씬 더 역량 있는 치료사를 만든다고 주장했다.

둘째, 자신의 치료 회기를 녹음하고 축어록을 풀어야 한다. 대개 슈퍼비전을 받으면 자신의 치료 회기를 녹음하고 녹음 내용을 글로 풀어오라고 한다. 자신이 어떤 말을 하고 어떻게 개입했는지 녹음하지 않고 그저 설명하듯이 말로만 이야기하는 것은 별로 도움이 되지 못한다. 알게 모르게 자신을 방어하면서 이야기하기 때문이다. 그보다는 실제로 어떠한 말들이 오갔고 어떻게 반응했는지 녹음해서 축어록을 풀어야 한다. 목소리만 녹음하는 것도 도움이 되고 비디오로 찍어서 자신의 치료 회기를 보는 것도 매우 도움이 된다. (물론, 녹음된 내용의 비밀 보장은 기본이다.)

셋째, 역할 연기를 통해 부단히 연습해야 한다. 실제 상황이 아니라 하더라도 공부하는 사람들끼리 짝을 이루어서 치료사–내담자 역할을 해보면 매우 도움이 된다. 내담자가 되어보는 것도 의미 있는 경험이고 치료사가 되어 보는 것도 그러하다.

넷째, 실제 치료에 참가한다. 치료는 자기 자신을 제대로 이해하기 위한 조건이기도 하다. 먼저 자신이 치료받는 것은 더할 나위 없이 소중한 일이다. 실제로 환자를 치료하는 것은 천천히 해도 된다. 나 자신을 먼저 치료하는 것이 좋다.

다섯째, 치료에 관한 책과 논문을 읽고 생각한다. 만약 지금 TV를 만들려고 한다면, 어떻게 해야 하는가? 이전에 TV를 만든 사람들의 제조 매뉴얼을 보는 것이 좋다. 물론 처음부터 끝까지 내 방식만으로 창조적인 TV를 만들 수도 있겠지만 그보다는 일단 현재까지 쌓인 노하우를 아는 것이 더 좋다. 왜냐하면 나 혼자 힘으로 문제를 해결하려 하다가는 내 살아 생전에 TV를 한 대도 못 만들고 죽을 수 있기 때문이다. 마찬가지이다. 사람들의 심리적 문제를 파악하고 해결하기 위해서는 선임 치료사들이 어떠한 방식으로 어떠한 효과를 보았는지에 대해 쓴 많은 책과 논문을 읽어보는 것이 도움이 된다. 책에서 깨달음을 얻을 수 있을 것이다.

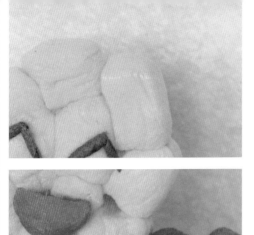

2부

치료 기법 모듬

05

재료 준비와 애피타이저

위장에 장애가 있거나 소화가 안 될 때에는 부드러운 죽을 먹는 게 좋다. 죽을 한 번 먹었다고 해서 반드시 다음번에 밥을 먹어야 하는 것은 아니다. 죽을 먹은 이유가 해결되어야 밥을 먹게 된다. 마찬가지로 여기 소개하는 미술치료 애피타이저의 기법은 한 번만 사용하고 당장 다음 기법으로 연결해서 작업해야 하는 것은 아니다. 어떤 내담자는 미술치료 과정 내내 애피타이저 기법 중 하나만을 가지고 미술치료를 하기도 했다.

미술치료의 재료

미술치료에서 사용되는 재료로는 기본적인 회화 재료와 조소 재료, 공예 재료 등으로 나눌 수 있다.

종이

크기별로 준비한다. 두루마리 전지(대개 황토색과 흰색이 있다), 전지, 2절지, 4절지, 8절지(이 크기는 아동들이 많이 사용한다), 16절지 등이 있다. 큰 종이를 세모로 자르거나 둥글게 잘라서 준비하기도 하고, 때로는 다소 파격적인 형태로 마름모라든지 핑킹 가위로 자른 형태를 준비해도 좋다(내담자에게 원하는 형태로 오리라고 해도 되는데, 그림을 그리기 전에 오려도 되고 그리고 난 뒤 오려도 된다).

종이의 색깔은 가능하면 다양하게 준비하는 것이 좋다. 대개 화방에는 4절과 8절의 색지가 구비되어 있는데, 표면의 결이 두드러지지 않는 색지는 그다지 가격이 비싸지 않으므로 옅은 색과 짙은 색 등 여러 색깔로 준비한다.

그 밖에도 반짝이는 금색, 은색, 파스텔조의 색이 들어간 색종이, 쉽게 찢어서 붙일 수 있는 한지, 박엽지가 있으면 좋다.

회화 재료

연필, 지우개, 파스텔, 크레용, 색연필, 색 사인펜, 색 마커 등이 있다. 회화 재료는 사용하다 보면 특정 색깔만 먼저 다 쓰게 된다. 한번

박엽지
아주 얇은 종이인데, 영어로는 'tissue paper'라고 한다. 대개 색깔이 다양하며 매우 곱고 물에 젖으면 색이 번져 나온다.

회화 재료
연필, 지우개, 파스텔, 크레
용, 색연필, 색 사인펜, 색
마커 등

씩 정리하면서 모자라는 색깔은 없는지 점검해야 한다.

이런 일이 있었다. 한 아동이 있었는데, 늘 그림을 그리면 갈색이나 고동색, 쥐색으로 그림을 그리는 것이다. 아동의 어머니가 걱정이 되어서 미술치료사를 찾아왔다. 하지만 미술치료사는 아동에게서 어떠한 문제도 발견하기 힘들었다. 미술치료사가 만난 아동은 빨간색, 노란색, 연두색 등 여러 가지 밝은색을 곧잘 사용하고 그림의 내용이나 아동의 행동과 태도에서도 어떤 문제점들을 발견하기 어려웠기 때문이다. 그래서 결국 아동에게 물어보았다. 왜 평상시 그림을 그리면 고동색이나 쥐색만 사용하느냐고. 알고 봤더니, 그 미술시간에는 크레용을 앞자리에 앉은 아동부터 하나씩 집고 나서 뒤로 돌리는데, 이 아동은 키가 커서 뒷자리에 앉아 있었다. 결국 아동이 선택할 수 있는 색은 기껏해야 고동색이나 쥐색, 검은색 등 다른 아동들이 선택하지 않은 것들이었다. 이 짧은 일화는 재료 선택과 유지, 제공 방식이 얼마나 중요한지 단적으로 보여주는 예이다.

이처럼 아동이 특정 재료를 선택한 이유는 의외로 단순하고 현실적인 데에서 찾을 수도 있다. 이를테면 노란색 포스터컬러를 사용하지 않는 것은 그 물감 속에 다른 색이 섞여 있어서 지저분해 보이기 때문이라든지, 빨간색 물감을 쓰고 싶은데 말라붙었기 때문이라든지 하는 이유인 것이다. 그러므로 치료 전에 재료 상태를 자주 점검해야 한다.

조소 재료

대개 회백색이거나 갈색을 띤 찰흙을 많이 사용한다. 혹은 색깔이 있는 찰흙을 사용하기도 하는데, 손에 잘 묻지 않고 색깔이 다양해서

아동과 성인 모두가 사용하기에 좋다. 그리고 지점토를 사용하기도
한다. 재료비가 부담되거나 내담자가 지점토에 익숙지 않을 경우 군이
사용할 필요는 없다. 대신 밀가루 반죽을 적당하게 잘 개어서 사용해
도 좋다.

　찰흙을 다룰 때 항상 준비하면 좋은 재료들은 스펀지와 물을 담는
작은 통, 찰흙용 플라스틱 도구들이 있지만, 포크나 플라스틱 나이프,
숟가락 등도 찰흙을 다루는 도구로 사용할 수 있다. 스펀지에 물을 적
셔서 찰흙 표면을 닦으면 갈라졌던 찰흙 표면을 부드럽게 만들 수 있
으므로 반드시 준비해두어야 한다. 포크는 찰흙 덩어리와 덩어리를
연결할 때 홈을 파서 더 쉽게 연결되도록 하는 데 필요하다. 나이프나
숟가락은 찰흙을 누르거나 자르거나 표면의 결을 만들거나 모양을 내
거나 할 때 사용한다. 그리고 마늘 압착기 같은 도구가 있으면 유용하
게 사용할 수 있다. 가위 형태로 생긴 도구인데 머리 부분에 마늘을
몇 쪽 넣고 손잡이를 내리면 그 압력으로 마늘이 조금씩 으깨져 나오
게 되는 마늘 압착기는 조리 기구를 파는 곳에서 살 수 있다. 찰흙을
사용하는 미술치료 시간에 마늘 압착기에 찰흙을 넣어서 누르면 여러
개의 가느다란 가닥으로 찰흙이 나오게 된다. 아동과 작업하면서 사

조소 재료
찰흙, 색 찰흙, 지점토, 밀가
루 반죽, 스펀지, 물통, 포
크, 나이프, 숟가락, 마늘 압
착기, 쿠키 커터, 철사 등

람을 만든다면, 이 마늘 압착기가 인기가 있다. 사람 머리카락을 만드는 데 아주 유용하기 때문이다. 경우에 따라서는 쿠키 커터(별, 종, 하트 등 다양한 모양의 쿠키를 찍는 도구)처럼 모양을 찍을 수 있는 도구를 사용하기도 한다. 그 밖에 덩어리가 큰 찰흙을 조금씩 끊어서 쓰려면 철사도 필요하다.

공예 재료

공예 재료는 몇 가지를 지정할 수 없을 정도로 다양하다. 쇼핑을 하듯이 가끔 화방과 공예방, 각종 장식 재료를 파는 시장을 다니다가 눈에 잡히는 것을 사서 준비해두면 된다. 그 재료를 어떻게 사용할지는 공예 책이나 잡지를 참고하여 아이디어를 구하거나 자신이 먼저 사용해보면 좋다.

기본적으로 자르고 오리고 붙일 수 있도록 가위와 칼, 풀, 테이프가 필요하며, 잘 붙지 않는 물체를 붙여야 한다면 글루건을 사용한다.

콜라주를 할 때 사용하게 될 잡지가 여러 권 필요하고 종류별로 모아둔 사진들도 필요하다. 또 신문이나 전단지, 잡지, 천 등도 사용할

수 있다. (전단지나 신문지에서 미리 필요한 문구나 사진을 오려놓으면 재료를 찾느라 소모되는 시간을 줄일 수 있다.)

장식용 재료로 리본이나, 색 노끈, 풍선, 깃털, 반짝이 가루, 반짝이 장식, 혹은 페트병이나 다양한 사이즈의 박스 등을 사용할 수 있다.

만지고 놀면서 아동의 대근육 및 소근육 운동을 활성화시키려면 알갱이가 굵거나 가는 곡식, 여러 종류의 알갱이, 밀가루, 크림과 이러한 재료들을 담을 수 있는 큰 용기가 필요하다.

티슈와 앞치마, 토시도 준비해둔다.

공예 재료

가위, 칼, 풀, 테이프, 글루건, 신문, 잡지, 천, 리본, 색 노끈, 풍선, 깃털, 반짝이 가루와 장식, 페트병, 박스, 곡식, 알갱이, 밀가루, 티슈, 앞치마, 토시 등

재료를 준비하며

준비 1 – 내담자를 맞기 전

내담자를 맞이하기 전에 어떤 미술 재료를 준비해야 하는가? 이 물음에 대해 세 가지 답을 할 수 있다.

첫째, 치료사가 사용해본 재료여야 한다. 미술치료에서 사용하는 모든 미술 재료는 내담자가 사용하기 전에 반드시 치료사가 먼저 사용해보아야 한다. 치료사에게 익숙하지 않으면 재료들이 치료적으로 사용되기 힘들기 때문이다.

둘째, 되도록 쉽게 다룰 수 있는 것은 항상 준비해놓는다. 특히 내담자가 어느 만큼 미술과 친숙한지 잘 모를 경우에는 여러 가지를 선택할 수 있도록 해주는 것이 좋다. 기본적인 미술 재료들, 이를테면 연필이나 크레용, 색 사인펜 등은 쉽게 다룰 수 있는 것들이므로 이것들은 특별한 이유가 없다면 항상 제공하는 것이 좋다.

셋째, 같은 문제나 병을 가진 내담자라고 하더라도 개인에 따라 취향이나 반응이 매우 다르다는 것을 늘 기억한다. 예를 들자면, 자폐 아동을 치료한 적이 있는데, 그 아이는 연필이나 크레용을 제대로 사용하지 못했다. 그런데 오히려 그보다 다루기 힘든 재료인 수채물감만큼은 처음 써보았음에도 불구하고 꽤 좋아하고 잘 사용했다. 이 사례에서 알 수 있듯이 치료사가 섣불리 내담자가 사용하는 재료에 대해 판단하는 것은 좋지 않다. 의외의 재료를 선호하기도 하기 때문이다.

준비 2 – 재료가 내담자의 마음에 들지 않을 때

때로는 준비한 재료가 치료사의 예상과 달리 내담자에게 흥미를 불러일으키지 못하거나 내담자가 이런 저런 이유로 싫어하기도 한다. 사람들이 각자 다른 취향을 가진 만큼 재료에 대해서도 각자 다른 방식으로 반응하는 것이 당연한 일이다.

그러므로 치료사 입장에서는 막상 준비를 하려고 하면 막막하다고 느껴질 것이다. 하지만 정작 중요한 것은 준비한 재료를 두고 내담자와 어떻게 대화하고 풀어나가는가에 있다.

아무리 최선을 다해 준비하더라도 준비한 재료가 내담자의 마음에 들지 않거나 내담자를 불편하게 만들 수 있다. 그런 경우에도 꼭 미술작품을 만들어야만 하는가? 그렇지 않다. 미술치료에서는 작품을 만드는 것을 목적으로 두지 않는다. 작품이 목적이 아니라 과정이 목적이다. 그러므로 내담자가 불편해 하는 바로 그러한 상태에 대해 이야기할 수 있으면 그 치료는 성공한 셈이다. 중요한 것은 치료사의 대화 능력이다. 치료사가 내담자의 구미에 맞지 않는 재료를 준비했다고 치자. 설령 그렇더라도 그 상황을 내담자의 삶의 현장으로 연결시켜서 내담자의 마음에 들지 않는 상황이었을 때를 이야기하게끔 이끌 수 있다. 혹은, 치료사−내담자 관계에서 기대에 부응하지 않는 치료사를 내담자의 기대를 저버린 부모님이나 환경 이야기로 연결하여 풀어나갈 수도 있다. 그리고 그런 이야기들을 중요한 방향을 잡고 진행해나가고 있다면, 그날은 미술작품을 만들지 않아도 되고, 혹은 내담자가 기대를 저버린 부모님이나 환경과 살아왔듯이 마음에 들지 않는 재료로도 작품을 만들고 그 작품에 대해 혹은 그 상황과 느낌에 대해 이야기하는 것도 좋다.

준비 3 − 내담자의 몰두를 위한 재료 준비

치료의 효과를 보려면 내담자가 치료 과정에 몰두해야 한다는 것을 앞서 설명했다. 그런데 내담자가 몰두하려면 어떤 의미에서건 관심을 가져야 하는데, 재료가 지나치게 충실하지 못하면 관심을 가지기 힘들기 마련이다. 이를테면 치료비가 너무 낮게 책정되어서 잘 나오지 않는 사인펜과 부러진 크레용 몇 개가, 그나마 색깔도 다 갖춰져 있지 않은 상태로 준비되어 있다든지, 치료 시간마다 이것저것 폐품을 활용하여 무언가를 만들어야 한다면 서글픈 일이 아닐 수 없다. 폐품으로는 미술작품을 못 만든다는 뜻이 아니라, 어쩌다 폐품을 사용하는 것과 늘 그런 것은 차이가 있다는 뜻이다.

애피타이저

미술치료에서 애피타이저처럼 사용할 수 있는 기법들은 대개 심리치료에서 '워밍업 기법'이라 부르는 것들이다. 청소년 이상의 성인을 대상으로 하는 집단 미술치료일 경우 서로의 이름을 외우도록 하는 게임이라든지 짧은 자기 고백, 두 사람씩 짝지어 서로 소개하고 난 뒤 집단에 상대방 소개해주기, 일주일간 좋았던 일을 한 가지씩 돌아가며 이야기하기, 자신을 설명해주는 단어 나누기 등을 쓸 수 있다.

나이가 어린 아동이라면 특정 색깔의 물체 붙들기라든가 원을 그리며 돌다가 "몇 명 모여~" 하는 게임을 할 수도 있고, 방향을 바꿔가며 서로의 어깨를 마사지하는 시간을 가져도 좋다. 혹은 미술치료 시간에 사용할 주제들과 관련해서 인형을 선택하고 이야기하라고 해도 되고, 잡으면 주인공이 되는 마법의 지팡이(혹은 마법의 가면)를 사용해도 된다. 어떤 방식이든 대개 그 시간에 사용하는 미술치료의 주제와 관련이 있게끔 워밍업을 하게 된다.

이 책에서 소개하고자 하는 워밍업 기법은 미술 재료와 친숙해지도록 하는 기법들이다. 물론, 미술치료를 할 때 사용하는 워밍업이 반드시 미술 재료를 사용하는 것일 필요는 없다. 분위기를 부드럽게 풀어주고 내담자들이 불필요한 긴장을 누그러뜨릴 수만 있다면 어떠한 기법을 사용하더라도 좋을 것이다. 때로는(특히 성인 내담자의 경우에는) 치료사의 따뜻한 말 한마디나 차분한 소개만으로도 워밍업이 충분히 진행되기도 한다.

선 긋기랑 친해지기

재료 | 각종 사이즈의 도화지, 목탄이나 연필, 크레용이나 파스텔

방법 | 마음에 드는 크기의 종이와 회화 재료를 선택한다. 점을 찍어보기도 하고 선을 긋기도 하며 동그라미나 직선과 같은 형태를 만들어 보기도 한다. 어떤 특정한 대상을 나타낸다고 생각하지 말고 그냥 주어진 재료를 이리저리 탐색해본다는 느낌으로 점을 찍고 선을 긋는다. 조금 익숙해지면 짧은 선보다는 긴 선을 긋도록 한다. 또 위아래로 긋는 선이나 좌우로 긋는 선, 원으로 긋는 선 등으로 변형해간다. 때로는 빠른 속도로 선을 긋되 결과에 신경 쓰지 않고 선을 긋게 한다.

이 방법은 단순한 팔운동을 겸해서 하기도 하는데, 팔을 위아래로 크게 움직이거나 원을 좌우로 크게 움직이는 등의 팔운동을 하듯이, 그 운동을 도화지에 그대로 옮긴다는 느낌이 들 정도의 큰 동작으로 선을 그어보도록 한다.

"이렇게 마음대로 그어도 돼요?"

끝나고 나면 뒤로 물러서서 자신이 만든 선을 감상한다. 작품 속에 표현된 자기 느낌을 곱씹어보는 것도 좋다.

물감이랑 친해지기

재료 | 흰 종이, 색깔 있는 종이, 큰 붓, 작은 붓, 수채물감이나 포스터컬러

방법 | 되도록 큰 붓으로 큰 종이 위에 물감을 칠한다. 큰 붓이 익숙해지면 작은 붓으로 바꿔도 좋다. 지면이 좁다고 느낄 경우 작업하는 탁자 위를 모두 종이로 붙여놓고 칠해도 좋다.

한 가지 색깔로 시작해서 엷고 진함을 느껴보아도 좋고, 원과 같은 도형을 그리면서 농담의 변화를 만들어보는 것도 좋다. 원을 그릴 경우 안에서 시작해서 밖으로 점차 엷어지도록 그릴 수도 있고, 혹은 더 진해지게 할 수도 있다. 바깥에서 시작하여 안으로 들어가면서 농담濃淡을 다르게 할 수도 있다.

신문지 위에 물감을 칠한다면 색을 사용하는 것도 좋고 혹은 먹물로 표현해보는 것도 재료와 친해질 수 있는 방법이다. 신문지는 도화지에 비해 흡수가 빨라 또 다른 느낌을 받을 것이다.

변형 1 | 눈을 감고 넓은 도화지나 신문지 위에 한 가지 색깔을 칠해본다.

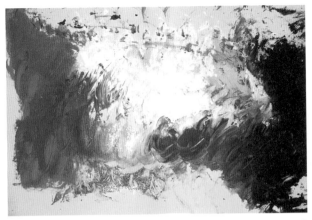

"재밌네요. 흠…… 내가 그린 건데…… 무슨 작품 같지 않아요?" "신문지에 그리니까 또 다른 느낌이에요."

변형 2 | 오른손잡이의 경우 왼손으로 붓을 놀려본다.

변형 3 | 물감이 마른 뒤 다른 재료를 사용해서 그림 위에 덧그리거나,
핑킹 가위로 오리고 붙여서 새로운 작품을 만든다.

    위 그림에서 보이듯이 도화지 화면에 그저 가득 칠해보는 것, 그것
이 미술치료에서는 애피타이저처럼 사용될 수 있다.

찰흙이랑 친해지기

재료 | 찰흙, 바닥이나 테이블을 감싸는 두꺼운 마분지, 앞치마

방법 | 찰흙으로 작업을 하려면 '찰흙을 가지고 논다'는 느낌을 갖도록

찰흙을 굴려서 길게 늘어트린다.

찰흙을 양손 사이에서 동글려서 공을 만든다.

위의 방법으로 만들어진 찰흙으로 만들고 싶은 미술 작업을
한다.

하는 것이 중요하다. 마음껏 찰흙을 만지며
주무르고 뜯고 바닥에 던질 수도 있을 정도
로 친숙해지게 해야 한다.

바닥이나 테이블 위 전부를 사용할 수 있
도록 배려해야 하고 옷에 찰흙이 묻어도 괜찮
게 상반신을 감싸는 앞치마(셔츠를 거꾸로 입
어도 된다)도 필요하다. 치료사도 찰흙과 친해
져야 한다.

때로 치료사가 찰흙을 어떻게 다루는지 시
범을 보여주고 따라하도록 해주어야 한다.
찰흙을 만져서 어떤 느낌이 드는지 이야기해
보기도 하고, 찰흙을 누른다거나 손바닥에
놓고 비비는 법, 길다랗게 국수 가락처럼 만
드는 법, 동그랗게 공으로 만들거나 반죽 가
운데를 옴폭하게 눌러 컵 모양으로 만드는
법, 찰흙과 찰흙을 연결할 때 홈을 파서 연결
하는 법 등을 가르쳐주어야 한다.

주의!
찰흙 작업은 의외로 어렵다고 호소하는 성인 내담자들이 많
다. 따라서 찰흙 작업을 할 때에는 되도록 천천히 진행하는
것이 좋다. 첫 시간에 반드시 무엇을 만들어야만 하는 것이
아니라는 것을 기억하자. 그저 찰흙이랑 친해지고 내담자와
치료사가 말문을 열게 되면 첫 시간에서 해야 할 일은 다 한
셈이다.

낙서하기

재료 | 있는 재료 아무거나 사용하는 편이 좋다.

방법 | 낙서를 할 종이가 없다면 신문지에 해도 좋다. 신문지를 거꾸로 놓고 낙서를 해보는 것도 좋다.

색연필이나 펜도 괜찮고, 막 쓸 수 있는 크레용도 좋다. 부러진 크레용을 사용해서 힘껏 낙서해보는 것도 좋다. 손에 묻혀서 칠할 수 있는 핑거 페인팅으로 낙서를 해보는 것도 신선하다.

너무 희고 깨끗한 종이라서 낙서를 시작하기가 힘들다면, 목탄 가루나 잉크, 물감 등을 사용해서 미리 종이에 갖가지 흔적을 만든 다음 낙서를 시작하는 것도 좋은 방법이다.

우리는 무언가에 너무나 매여서 살아가고 있다. 늘 목적 의식을 가지고 어떤 행동을 하고, 계획에 따라 움직이고, 기한에 맞추기 위해 빠듯한 하루하루를 보내곤 한다. 그래서 아무 의미가 없어도 괜찮다는 것이 얼마나 의미 있는 일인지 종종 잊고 산다. 마음이 분주하고 급급하고 매여 있는 사람들에게, 이 낙서하기 기법은 의외로 신선하게 다가가곤 한다.

가끔 낙서를 시작하면 '이게 어떤 의미인지' '어떻게 분석되는지'에 대해 물어오는 내담자들이 꼭 있다. 이러한 내담자를 만나면 "일단 한 번 해보고 난 다음에 이야기하자"라고 한다.

낙서가 끝난 뒤 그들의 느낌을 물어봐서 필요할 경우에는 그들이

여기서의 낙서는 '스퀴글(squiggle)'이나 '난화(亂畵)'와는 목적과 방법이 다르다. 낙서는 사용되는 선이 반드시 곡선일 필요는 없고 어떤 형태가 보여도 되고 안 보여도 될 뿐 아니라, 아예 처음부터 도형을 그려도 되고 그렇지 않아도 된다. 미술 재료와 친해질 수 있다거나 그리기 과정에 대한 두려움을 줄일 수 있다는 것, 혹은 무의미한 도형들 중 반복되는 것들을 볼 수 있다는 것도 목적이 되겠다. 하지만 그보다는 특정한 목적 없이 선을 그으면서 그것을 통해 목적 없이 뭔가를 할 수도 있다는 것을 배우는 것, 굳이 따지자면 그것이 바로 이 기법을 쓰는 목적이다.

"부드러운 크레파스는 처음 써봐요. 선을 긋는데 쭉쭉 나와서 부드럽고 시원한 느낌이네요."

미술치료에 대해 갖고 있는 선입견이나 기대에 대해 함께 이야기한다. 그리고 낙서를 통해 분석하기보다는 말 그대로 낙서를 통해 낙서하기를 원한다고 이야기해준다.

그래도 미심쩍어하는 내담자가 있을 경우 치료사가 낙서를 하고 내담자에게 느껴지는 대로 이야기해보라고도 한다. 내담자에게 치료사의 그림을 분석(?)해보라고 제안하고 나서 내담자 자신의 그림도 스스로 분석해보도록 유도하면, 가끔씩 내담자가 자기 문제에 대해 날카롭게 통찰하는 경우를 목격하기도 한다.

낙서 일기

앞서 소개한 낙서를 한두 번 해보았다면, 내담자에게 낙서 일기를 써보게 하는 것도 좋다. A4 크기의 노트나 16절 스케치북, 혹은 일기 장 크기나 그보다 더 작은 스프링 노트 등을 한 권 정해서 내담자로 하여금 낙서 일기를 쓰도록 한다. 낙서 일기는 이름 그대로 낙서를 계속해서 해나가는 것이다. 별 의미 없어 보이는 단순한 도형을 그리거나 선을 긋고, 끄적거리며, 떠오르는 단어를 적어보는 등, 자기가 편하게 느끼는 방식으로 계속해서 그리거나 적으면 된다.

낙서 일기를 꾸준히 적다 보면(그리다 보면) 그 안에서 자주 등장하는 패턴이 보일 것이다. 때로는 그 패턴이 급격하게 변화하기도 하는데, 이러한 변화나 반복이 갖는 의미에 대해 치료사와 내담자가 함께 곰곰이 생각해볼 시간을 가지는 것도 의미가 있다.

콜라주

재료 | 도화지, 잡지, 가위, 풀, 색실, 철사, 풍선, 천, 옷감, 반짝이 등
방법 | 콜라주는 여러 가지 다양한 재료들을 조합해서 평면 혹은 입체

작업을 하는 것이다. 그림으로 무언가를 사실적으로 표현하는 데 어려움을 느끼는 내담자라면, 굳이 그리는 것에 국한할 필요가 없다. 언제라도 콜라주 기법으로 미술 작업을 하면 된다. 미술치료 시간에 콜라주는 주제에 따라 사진을 선택하고 구성해서 붙이는 기법으로 자주 사용된다. 또는 색실이나 철사, 풍선, 천이나 의복 조각, 각종 반짝이 등의 재료를 조합하여 주어진 주제를 표현하기도 한다.

애피타이저로 콜라주 기법을 소개하는 것은, 내담자들이 미술 과정에 대해 가지고 있는 부담감을 덜어주고 미술 과정에 몰입할 수 있도록 이끌어주는 데에 이만 한 기법도 없기 때문이다.

만약 내담자들이 콜라주 기법을 잘 이해하지 못한다면 샘플을 만들어서 보여주는 것도 좋은 방법이다.

"그렇죠…… 그거죠, 부족한 것은 사랑이에요"

"제가 꿈꾸는 거예요. 꿈을 잡고 싶어요. 그런데 그게 쉽지 않아요."

자신에게 하는 혼잣말

방법 | 내담자에게 자신을 표현하는 단어를 써보게 한다.

"무언가 잘 안 되고 있을 때나 부끄럽게 느껴질 때, 스스로에게 하는 말은 무엇인가요? 명사도 좋고, 형용사나 동사 등 어떠한 단어라도 좋습니다. 그 말은 어느 만큼 당신을 잘 나타낸다고 생각되는지요?"

"이 중에서 흔히 부정적인 단어라 생각되는 것들을 동그라미 쳐보세요. 동그라미 친 낱말들이 사실임을 증명하는 구체적인 증거를 달아보세요."

"추상적인 증거는 안 됩니다. 반드시 구체적이라야 합니다."

"예를 들어 나를 잘 나타내는 단어로 '게으르다'라고 썼다고 합시다. 그리고 그 단어에 대한 증거로 '친구들이 저보고 게으르다고 자주 말해요'라고 했다면, 이는 구체적인 증거가 되지 않습니다."

앞의 예처럼 "친구들이 자주 말해요"와 같은 경우에는, '자주'가 어느 만큼인지 구체적으로 이야기해보도록 하고, 그 친구들은 누구인지, 그리고 언제 그러한 이야기를 들었는지 구체적으로 이야기해보도록 해야 한다.

어떤 내담자는 자신이 "바보 같다"라고 말하면서 그에 대한 구체적인 증거로 자주 그렇게 느껴지기 때문이라고 했다.

또 다른 내담자는 '쓰레기'라는 표현을 하면서 그 증거로 지난주에 자신이 쓴 리포트가 쓰레기이기 때문이라고 했다(그는 성적이 우수하고 똑똑한 학생이었고, 그 학기에도 성적이 좋았다. 자신의 리포트가 쓰레기라는 평가는 스스로가 한 것이다). 이러한 증거들이 구체적이지 않고 부적절한 것은 자기 평가와 관련해서 향후에 계속 더 논의되어야 한다.

애 피 타 이 저   8

말풍선 만들기

이제 앞에서 한 혼잣말을 시각적으로 옮길 수 있는 미술치료 기법을 하나 소개한다.

'말풍선 만들기'이다. 말풍선은 흔히 아동이나 청소년 들이 자발적으로 많이 삽입하는 것 중 하나이다. 대개 말풍선 안에 쓰여진 글을 읽다보면 그것을 쓴 사람의 마음이 그대로 드러나 있다.

그림에 제목을 붙이는 경우도 그러한데, 제목이 좀 더 압축된 말로 그린 사람의 마음을 들려준다면, 말풍선이나 생각 풍선은 좀 더 설명적이거나 대화 같은 말로 마음을 들려준다.

내담자가 자발적으로 말풍선을 그리지 않은 경우에 내면의 이야기가 듣고 싶다면, 치료사 쪽에서 말풍선 종이를 제공하는 것도 좋은 방법이다.

재료 | 그림을 그린 종이와 같은 재질의 종이를 사용해도 되지만 바탕 종이보다 옅은 색의 종이를 미리 오려놓고 선택해서 붙이도록 하는

것도 좋다. 아예 다른 재질의 느낌을 지닌 종이를 사용하는 것도 꽤 재미있다. 그림을 그린 종이가 흔히 쓰는 흰 도화지라면, 말풍선으로 사용하는 종이는 약간 두껍거나 독특한 질감을 가진 조금 색다른(색이 들어 있어도 좋다) 것이 좋다. 단, 글씨를 쓸 수 없게끔 코팅이 되어 있는 종이나 너무 우툴두툴한 종이는 안 된다.

방법 | 말풍선이나 생각 풍선을 만들어서 그림 속 대상에게 붙여주고 그 안에 들어갈 말을 쓰도록 한다. 그림 속 대상이 사람일 경우가 많지만 신체의 일부분이 될 수도 있고, 때로 나무나 꽃, 자전거일 수도 있다. 혹은 그저 휘갈긴 선이나 동그라미가 될 수도 있다.

"음…… 글쎄요, 아버지가 어떤 이야기를 하실까요?"

원 그리기

재료 | 도화지(대개 흰색 도화지를 쓰며 8절지도 괜찮은데 좀 작게 느껴질 수 있으므로 4절지 정도가 좋다. 때로 익숙해지면 2절지나 전지를 사용하는 것도 추천한다), 회화 재료(사람에 따라서 크레용, 색연필, 파스텔, 볼펜 등 기호에 맞는 재료로 작업하도록 한다)

"뭉쳐 있는 느낌이에요. 생각들이 잡다하게……."

방법 | 내담자의 상태나 목표, 문제 등에 비추어 중요하다고 판단되는 주제가 있다면 그 주제를 원으로 표현해보도록 한다.

이때 원은 연속적인 선으로 계속 그리도록 한다. 원의 형태가 타원이라도 상관없으며, 여러 개의 원을 그리는 것도 괜찮다.

변형 | 동그라미를 그린 뒤 그 동그라미 형태에 맞춰서 연속되는 선으로 원을 그리라고 하는 방법을 사용할 수도 있다. 이때 주어진 감정을 잘 나타낼 수 있도록 색깔을 선택해보라고 격려한다.

나는 개인적으로 이 기법이 단순해서 매우 선호하는 편이다. 단순한 기법은 의외로 많은 것을 표현하게 해주기 때문이다.

내담자들은 처음엔 다소 의아한 표정을 짓기도 하지만 이내 '원을 그려보라'는 말에 적극적으로 반응한다. 사람들이 그린 원을 보면 얼마나 다른 방식으로 원을 그릴 수 있는지에 놀라게 될 것이다.

집단에서 이 방법을 사용할 경우에도 마찬가지이다. 그리고 내담자의 문제나 상태가 원을 그리는 방식에서 뚜렷이 드러난다는 것도 참 흥미로운 일이다.

분노가 많은 내담자를 만났을 경우, "당신의 분노를 원으로 표현해보세요"라고 제안할 수 있다. 혹은 걱정이 많은 내담자에게 "당신의 걱정을 원으로 표현해보세요"라고 한다.

어떤 내담자는 보일 듯 말 듯하게 원을 그리는 경우도 있고, 어떤 내담자는 빠른 속도로 반복해서 원을 그리기도, 어떤 사람은 매우 옅은 색을 사용하는 데 비해 다른 사람은 짙은 색을 사용하기도 한다.

또 사람에 따라 단색을 쓰기도, 여러 가지 색을 사용하기도 한다.

어떤 내담자의 원은 퍼져 보이지만 뭉쳐 보이게 그리는 사람도 있고, 작거나 크거나 겹치기도 하는 등 정말 다양한 원을 목격할 수 있다.

그려진 그림의 이미지에 대해 치료사와 내담자가 이야기를 나누는 것으로 시작해서 내담자에게 이야기할 기회를 마음껏 열어주어야 한다. 이야기가 막히거나 제자리걸음을 하고 있다면, 내담자에게 가장 최근에 겪었던 구체적인 사건들부터 이야기하도록 이끌어준다.

새로운 재료랑 친해지기

새로운 재료는 그 자체로 호기심을 불러일으키고 약간의 긴장감이나 때론 실망도 안겨준다.

천사 점토라는 제품명의 점토가 있는데, 매우 가볍고 부드러운 소재이다. 판매되는 것은 모두 흰색이며, 사용하는 사람이 색깔을 입힐 수 있다. 파스텔톤으로 부드러운 색을 내고자 한다면, 사인펜으로 천사 점토에 몇 번 꾹꾹 점을 찍은 뒤 손으로 으깨면서 문질러주면 된다. 좀 더 진한 색을 내고자 한다면, 천사 점토에 물감을 짜서 조물조물 비벼주면 되는데, 이때는 손에 물감이 묻는 것을 각오해야 한다. (조금씩 짜서 넣으면 손에 안 묻을 수도 있다지만, 물감 묻는 것을 겁내랴.)

천사 점토는 마르고 나도 쉽게 갈라지지 않아서 보관하기가 쉽다. 만약 말랐는데 다시 모양을 바꾸고자 한다면 물을 뿌려서 사용할 수 있다. 다 쓰지 않은 재료는 뚜껑을 꼭 닫아서 보관한다.

사인펜으로 톡톡 점을 찍은 뒤 주물러서 색이 퍼지게 한다.

보다 진한 색으로 물들일 경우에는 물감을 조금 짠 뒤 주물러서 색이 퍼지게 한다. 조금씩 짜서 넣으면서 원하는 색깔이 나오도록 조절한다.

흰색 천사 점토에 색깔을 입힌 모습

내가 만난 40대 후반의 어느 대기업 부장님은 미술치료 시간에 반신반의하는 표정으로 약간 마지못해 앉아 있는 듯했었다. 그러다가 천사 점토를 보여주며 뭔가 만들어보고 제안했더니, "우와~, 이거 신소재다, 신소재!"라고 반색을 하면서 즐거워했다. 그 이후로 나와 내 동료들은 천사 점토를 종종 신소재라고 부르곤 했다.

다른 선택 | 아이클레이라는 점토도 천사 점토만큼 자주 사용된다. 아이클레이는 여러 가지 색깔로 구입 가능하고, 끊기지 않고 길게 늘어나는 특징이 있다. 탄성력이 크고, 쉽게 마르지 않아서 아동이나 청소년과 작업할 때 좋다. 그 외에 점핑클레이, 탱탱클레이, 실리콘클레이, 휘핑클레이, 폼클레이, 아이폼, 칼라믹스 등이 있다.

우리의 옛 재료와 친해지기

　우리 조상들이 사용하던 다양한 미술 재료들 중에서 한지는 특별
한 매력을 지녔다. 은은한 색상에서 화려하고 강렬한 색상에 이르기
까지 색채가 다양하며, 소박하고 부드러운 질감에서 거칠고 투박한
표면 결에 이르기까지 질감도 다양하다. 때로는 우아하고 때로는 친
근하며, 처음 접하는 사람에게도 부담스럽게 보이지 않는다.

　여러 종류의 한지를 준비한 뒤 손으로 찢어 풀로 붙이면서 작품을
만들어보자. 한지와 풀만으로도 충분히 다양한 표현의 작품이 탄생
할 것이다.

"여기 분홍색과 살구색 한
지를 보는 순간, 사람의 살
이 떠올랐어요. 살아 숨 쉬
는 따뜻한 사람을 묘사해보
려고 했지요. 그런데 다 하
고 나서 보니까, 군데군데
붉은 부분이 마치 상처처럼
느껴지네요. 제 마음에 남
은 상처들이 몸의 혈흔처럼
남은 것 같아요."

미술 재료의 선택

앞서 미술 재료를 선택하는 데 영향을 주는 요인은 심리적인 것 외에도 재료의 상태라든가 그 당시의 상황과 같은 요인도 있다고 언급했다. 그렇지만 역시 심리적인 요인도 빼놓을 수 없을 것이다.

미술 재료가 가지는 특성이 있으므로 이러한 특성과 내담자의 성격, 심리적 요구가 어우러져서 특정 재료를 선호하게 된다.

불안하거나 강박적인 성향이 강한 내담자는 무엇인가 잘 통제하고 완벽하게 하기를 원하기 때문에 친숙하지 않은 재료는 사용하기 꺼려한다. 대체로 연필과 지우개, 자 등을 사용하기 원한다.

심리적으로 경계가 모호하거나 자기통제력이 저하된 내담자는 정밀한 작업보다는 빠르고 거칠게 작업할 수 있는 재료인 파스텔이나 물감 등을 선호한다.

재료의 선택에 영향을 미치는 요인들로는 다음과 같은 재료의 속성이 있다.

1. 유동성

먼저 미술 재료의 특성을 유동성 측면에서 살펴보자. 흐르거나 가루가 날리거나 부서지거나 손에 묻는 등 유동성이 높은 재료부터, 흐르지 않고 물기가 없는 마른 재료이면서 가루도 잘 생기지 않는 재료가 있다. 유동성 정도에 따라 재료를 구분한다면 다음과 같이 말할 수 있다.

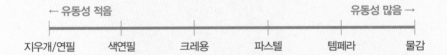

2. 통제 용이성

그리고 재료의 특성을 통제 용이성 차원에서 평가할 수도 있다. 어느 만큼 재료를 다루기가 쉬운가? 통제 용이성이 낮은 재료는 다루기 어려운 편인데 이런 재료를 기꺼이 사용하는 내담자들은 실패를 두려워하지 않거나 혹은 조심성이 적은 편이라고 볼 수 있다.

3. 촉감

촉감에 따라서 재료 선택이 영향을 받기도 한다. 부드러운지 거친지, 물렁한지 딱딱한지 등 표면결이 주는 느낌은 재료의 선호도에 어느 정도 영향을 미친다. 마음이 힘든 상태에서 찾아온 내담자들은 대체로 부드러운 느낌의 촉감을 좋아하지만, 강한 감정을 표현하고자 할 때에는 거칠고 딱딱한 재료를 선택한다.

4. 재료 친숙도

낯선 상황에서는 대부분 자신에게 익숙한 것을 찾기 마련이다. 내담자들마다 미술 재료를 경험해본 정도가 다른데, 자신에게 친숙한 재료인지 아니면 낯선지에 따라 재료 사용은 달라진다. 낯설고 다루기 어려워 보이는 재료를 아예 만지지도 않는 내담자가 있는가 하면, 처음 보는 재료라도 시행착오를 거치면서 이리저리 사용해보는 내담자도 있다. 아무래도 낯선 재료를 사용해보는 것은 모험심, 개방성이 높은 편이라고 볼 수 있으며 상대적으로 조심성이나 안전 지향주의는 낮은 편이다.

06

감정 표현하기

우울한 사람들은 자기 자신에게 엄격한 경향이 많다. 그것도 지나칠 정도로 엄격하다. 타인의 단점에 대해서는 너그러우면서 자신의 단점에 대해서는 빡빡하고 비판적이다.

우리는 줄곧 자라오면서 타인에게는 관대하고 자신에게는 엄격해야 한다고 들었다. 하지만 자신에게 지나치게 엄격할 경우, 자기 속에 자기를 비판하는 공격자가 생길 경우, 우리의 마음은 자신도 모르는 사이에 피멍이 들게 된다.

감정 그림 그리기

전통적인 미술치료 주제이다. 감정을 표현하도록 하되, 가능한 한 내담자가 자유롭게 표현할 수 있도록 지시는 최소화한다. 자신의 내면에 대해 알기를 갈구하는 내담자들에게 사용하면 짧은 지시로도 많은 것들을 확인할 수 있는 방법이다. 구체적인 대상을 그려도 되지만 추상적인 형태로 표현해도 좋다. 만약 구체적인 지시나 도움을 더 원하는 내담자가 있다면 이어서 계속 소개되는 여러 가지 변형을 시도해봄 직하다.

방법 |

"자신의 감정이나 느낌을 그림을 통해 표현해보겠어요?"

"구체적인 대상을 그려도 되고, 추상적으로 표현해도 돼요."

"예를 들어 여러 가지 색깔 중에서 자신의 감정을 가장 잘 나타내주는 색깔을 선택할 수 있지요."

내담자들에게 위와 같이 말해 부담 없이 감정을 표현하도록 한다.

변형 1 | "지금 현재의 느낌을 표현해보세요."

변형 2 | "평상시 가장 많이 느끼는 감정을 표현해보세요."

변형 3 | "자신의 감정 중에서 상반되는 감정 두 가지를 선택하고, 그것을 종이의 양쪽에 표현해주세요."

"제가 가진 감정 중에서 분노와 사랑이에요. 왼쪽이 분노고요, 오른쪽이 사랑이에요."

다양한 자세의 사람들

방법 | 다양한 자세의 사람 모습들이 그려진 종이(다소 빳빳하고 힘이 있는 종이라야 좋다)를 미리 준비해서 그중 자신의 감정에 가장 가까운 자세를 가진 사람을 선택하도록 한다. 선택한 그림을 종이본을 따라 그려도 되며, 혹은 다른 종이 위에 붙이고 그 위에 색을 칠해도 된다.

사람들의 자세는 특별한 의미를 지닐 수도 있고 그렇지 않을 수도 있다. 내담자가 선호하는 사람의 자세가 없을 때는 자신이 직접 어떤 포즈를 취해보라고 한다. 그리고 그 포즈가 의미하는 바나 전달하고자 하는 감정에 대해 이야기하고 표현하도록 한다.

변형 | "방금 선택한 자세의 사람으로 그림을 그리고 이야기를 만들어보세요. 이 사람은 지금 어떤 상황인가요?"

다양한 자세의 사람
여러 가지 자세를 취하고 있는 사람들 본이 이 책의 부록(276쪽)에 실려 있다. 부록에 예시된 모습들은 고개를 숙이고 서 있는 사람, 앉아 있는 사람, 걸어가고 있는 사람, 무릎을 꿇은 채 손을 들고 있는 사람, 팔을 벌린 사람, 앉아 있는 사람 등이다.

감 정 표 현 3

내 얼굴 찾기

여러 가지 감정의 형용사와 결합된 얼굴 표정 차트를 보면서 어떤 얼굴이 가장 내 마음을 잘 표현해주고 있는지 선택하고 작품을 만든다.

대개 내담자들의 얼굴은 별다른 표정이 없을 때가 많다.

울 때의 모습이나 웃을 때의 모습이 크게 다르지 않을 정도이다. 하지만 내담자의 마음속에는 많은 변화가 있는 경우가 많다. 그래서 실제로 자신의 모습을 닮은 것들을 선택해보라고 하면 여러 가지를 꼽는다.

변형 1 | "남들에게 잘 보여주지 않았지만, 내 얼굴이라고 느껴지는 것이 있나요? 있다면 선택해보세요."

변형 2 | "자신이 바라는 얼굴과 지금 현재 자신의 얼굴을 선택해보고 그 차이를 이야기해보세요."

얼굴 표정 차트
감정에 따른 얼굴 표정 차트는 이 책의 부록(278쪽)에 실려 있으므로 참고할 수 있다.

"웃는 얼굴을 고를래요. 이렇게 행복했으면 좋겠어요."

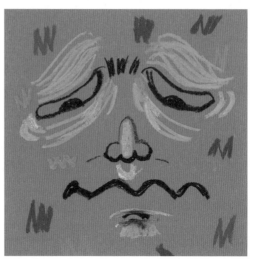

"이건 제가 황당하거나 우울할 때의 모습이에요. 걱정만 많아
지고 해결되는 건 없고……."

나를 화나게 하는 것들

방법 | 나를 화나게 하는 것들을 그리거나 적어본다.

분노를 통제하는 데 어려움을 겪는 내담자들에게 사용하면 좋은
기법이다.

화나게 하는 대상을 그리고 나서 이야기를 따라가다 보면, 내담자
를 화나게 한 것은 구체적으로 대상이 있는 것이 아니라 그 대상에 대
한 내담자의 생각임을 알게 된다. 구체적인 사건이나 상황이 사람을
고통에 빠트리지는 않는다. 다만 사건에 대한 그 사람의 생각과 해석,

느낌이 그를 고통에 빠트린다.

흔히 고통을 호소하는 사람들은 자신이 힘든 이유에 대해 잘 알고는 있지만 어쩔 수 없기 때문에 힘들다고 호소한다. 하지만 내담자가 호소하는 문제의 내면을 들여다보기 시작하면 결국 내담자가 '안다'라고 했던 힘든 이유는 진정한 의미에서 이유가 되기 어렵고, 오히려 내담자가 간과하고 있던 부분들 때문에 힘들었다는 것을 깨닫게 된다.

헤어진 연인 때문에 힘들다고 하는 내담자의 경우, 사실은 헤어짐에 대한 생각이 당사자를 힘들게 하고 있는 것이다. 상대에게 헤어질 것을 요구받은 것으로 보아 자신이 무가치하다거나 매력이 없다고 생각하기 때문에 그러한 생각이 내담자를 힘들게 하는 것이다.

내담자가 힘든 것은 내담자의 삶의 조건 때문이 아니라, 그 삶의 조건에 대한 내담자의 해석이요, 개인적인 의미 부여 때문이다. 즉, 어떤 사실 자체가 사실로서 개인을 억누를 수는 없지만, 그 사실에 대한 내담자의 해석과 의미 부여는 얼마든지 그 내담자를 누르고 파괴할 수 있다. 흔히 내담자들은 자기가 사실 자체 때문에 고통받는다고 믿고 있으며, 따라서 자신이 문제를 알고 있지만 어쩔 수 없이 고통받는다고 이야기한다. 그러나 동일한 사건을 겪는다 하더라도 주관적인 경험이 매우 다르다는 것을 인정한다면, 심리적으로 보고하는 고통의 원인에 대해서도 다른 해석이 가능하다는 것을 생각해봄 직하다.

하지만 무엇 때문에 힘들고 무엇 때문에 아프든 간에, 내담자가 지금 고통을 느끼고 있다는 사실 자체에 대해서는 반드시 인정해주어야 한다. 삶의 고통을 호소하는 내담자들에 대한 미술치료는 다른 시각을 배우도록 해주는 것, 그것이 핵심이다. 내담자가 호소하는 바, 고통의 사건은 여전히 남아 있고, 고통스런 감정이 옅어지긴 했지만 여전히 존재한다. 그러나 다른 시각을 배우고 자기 것으로 만들어가는 내담자는 사건에 대한 새로운 해석을 배우게 된다. 그리고 그렇게까지 절망적이고 그렇게까지 몹쓸 일이 아닐 수도 있다는 것을 알게 되면서 그저 그 고통에만 묶여 있던 에너지가 다른 삶의 부분으로 움직일 수 있게 된다.

감정 선 그리기

재료 | 도화지 3~5장(색 도화지도 되고 흰 도화지도 된다), 평소에 자주 쓰는 회화 재료(색 사인펜, 색연필, 크레용 등)

방법 | 치료사가 내담자에게 중요하다고 판단되는 감정을 3~5개 정도 고른다. 혹은 내담자에게 고르라고 해도 된다. 한 그림에 한 감정씩 표현하도록 한다. 치료사가 시간을 정하고 알려준다. 하나의 주제에 할당하는 시간은 내담자에 따라 맞춰 정하면 된다. 한 그림 당 1분 안팎의 짧은 시간을 할당해도 되고, 혹은 15분 정도로 긴 시간을 주어도 좋다. 다만 실시할 때 내담자에게 미리 어느 정도의 시간을 줄 것이라고 이야기해주는 것이 좋다.

내담자가 의외의 선을 그렸을 경우 그에 대해 내담자와 이야기해보는 것이 좋다. 내가 만나본 한 내담자는 평소에 부드러운 표현만을 보여주었는데, 그가 분노라는 감정 표현에서 매우 거칠고 세게 표현했던 경우가 있다. 그 내담자는 다른 사람의 부탁을 잘 거절하지 못하고 자기 주장에 약한 사람이었다. 그러나 그 사람이 거칠고 센 선을 그렸을 때 치료사의 입장에서 한편으로 매우 반가웠다. 그것은 내담자의 심리적 자원이랄까, 에너지를 발견했기 때문이다. 그때 내담자와 그러한 의외의 선이 보여준 가능성에 대해 이야기했었다.

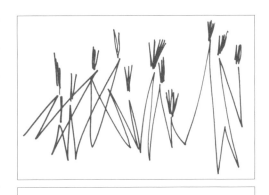

곡선이나 직선만으로도 감정을 표현할 수 있는데, 처음 이런 기법을 사용해보는 내담자 입장에서는 다소 어렵게 느껴질 수도 있다. 그렇다면 앞에서 설명한 선긋기와 같은 애피타이저를 짧게 사용하고 연달아서 이 기법을 쓸 수 있다.

변형 1 | 감정 곡선 일기를 쓰도록 유도한다. 날짜를 쓰고 감정 곡선을 그리게 하면 된다. 이 기법은 숙제로 내주어도 좋다.

변형 2 | 감정 차트를 만들게 한다. 자신에게 중요한 감정을 2~3개 선택하도록 하고 시간에 따라서 그 감정들의 양을 막대그래프나 파이 모양 차트로 그리도록 한다.

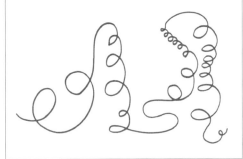

"제일 위에 것이 '분노', 그다음이 '고요', 그다음은 '환희'예요. 요즘 제가 많이 겪는 감정이죠."

변형 3 | 감정 계기판을 만들어서 사용한다. 둥근 원에 양을 표시하는 눈금을 긋고 바늘을 만들어서 붙인 뒤, 그 원이 나타내는 감정의 이름을 붙인다. 그다음 감정의 바늘이 어떤 때에 더 높이 올라가고 어떻게 하면 내려갈 수 있는지 논의한다.

나를 나타내는 단어 찾기

방법 | 감정과 관련 있는 여러 가지 형용사와 동사가 적힌 종이를 미리 준비한다. 테이블 위에 이들 단어가 적힌 종이들을 펼쳐놓고 마음에 와 닿는 단어를 선택한다. 그리고 그 느낌을 그림이나 찰흙으로 표현해본다. 사용할 수 있는 감정 단어들은 아래와 같은 것들이 있다. 이 모두를 한꺼번에 제시할 필요는 없다. 한 번에 대략 15~25개 정도 제시하면 된다.

감사하다, 괴롭다, 괜찮다, 긴장되다, 가엾다, 과민하다, 꼴도 보기 싫다, 고독하다, 거리낌 없다, 끔찍하다, 눈물이 나온다, 단호하다, 답답하다, 두렵다, 만족하다, 미안하다, 무시당했다, 무가치하다, 무기력하다, 무섭다, 부끄럽다, 불안하다, 부담스럽다, 뿌듯하다, 불쌍하다, 불쾌하다, 비참하다, 불행하다, 바보 같다, 상처 입다, 생기발랄하다, 슬프다, 서글프다, 심각하다, 실망스럽다, 세심하다, 쓸쓸하다, 사랑하다, 안도하다, 우울하다, 열 받다, 의기양양하다, 약하다, 외롭다, 의욕이 없다, 안 되다, 안절부절못하다, 원기 왕성하다, 열정적이다, 자신 있다, 즐겁다, 지치다, 좋아지다, 진지하다, 좋기도 하고 싫기도 하다, 지루하다, 좌절하다, 집중이 안 되다, 죄책감이 들다, 증오하다, 자랑스럽다, 두근거리다, 참기 힘들다, 침착하다, 차분하다, 짜증나다, 초조하다, 침울하다, 착잡하다, 따뜻하다, 편안

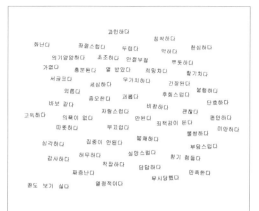

감정 단어를 적은 종이를 골라 도화지 위에
배열하는 작업을 한다.

나를 나타내는 단어를 그림과 함께 쓴다.
"몰라, 바보 같아요."

하다, 피로하다, 필사적이다, 희망차다, 후회스럽다, 화나다, 한심하
다, 허무하다, 활기차다, 흥분된다, 행복하다

　이 기법을 사용하지 않더라도, 치료사가 여기에 소개된 여러 가지
감정의 단어를 많이 알고 있으면 상담 과정이 훨씬 부드럽게 진행될
수 있다.

변형 1｜주어진 단어들 중 마음에 와 닿는 단어를 3개 고른다. 그 3개
의 단어가 주는 느낌들을 하나의 원 속에 표현한다.

변형 2｜주어진 단어들 중에 가장 마음에 와 닿는 단어 하나를 고른
다. 고른 단어와 느낌이 매우 다른 단어도 하나 고른다. 큰 도화지를
양분하여 두 화면에 단어 각각을 구체적으로 혹은 추상적으로 느낌
을 표현하도록 한다.

변형 3｜선택한 하나의 단어로 이야기를 꾸미고, 그것을 그림으로 표

현한다.

변형 4 | 치료사가 단어를 5개 선택해서 그 각각을 제시하고 내담자에게 표현하도록 한다. 단어 선택을 예로 든다면 '분노, 기쁨, 좌절, 슬픔, 고요' 등이 될 수 있겠다.

찰흙으로 표현하는 마음

앞에서 찰흙과 친해지기 위한 몇 가지 기법을 알려주었다. 여기서는 기법을 가르치면서 감정 표현과 연결시켜 이야기하는 방법을 소개한다.

찰흙으로 마음을 표현하게 할 때 자신의 마음을 상징할 만한 형상을 만들어보라고 하지만, 내담자가 그것이 어렵다고 호소하는 경우가 있다. 이런 경우에는 특정한 형태의 작품을 만들어도 되지만 구체적인 형태가 없어도 괜찮다는 것을 보여주어야 한다.

찰흙으로 공 만들기를 하기 시작했다면 다음과 같이 말할 수 있다.

"자, 이제 공을 만들었네요. 이 공이 우리 각자의 마음이라고 생각해봐요. 공을 이렇게 누르면 납작하게 되네요."
"마음이 이렇게 눌리는 경우는 어떤 경우인가요?"

국수 가락처럼 길게 늘어트리는 작업을 할 때에는 이렇게 말한다.

"이번에는 찰흙을 이렇게 굴려보세요. 굴려서 길게 가닥을 만드시는 거예요. 떡국 할 때 떡가래 있죠? 그것처럼 긴 가닥을 만드시는 겁니다. 계속 굴리시면 그렇게 만들어져요."

"만약에 이 찰흙 가닥이 내 마음이 어느 만큼 아픈지 그 길이를 보여주는 것이라면, 어느 만큼 길게 하고 싶으세요? 한번 표현해보겠어요?"

감정을 색으로

감정을 미술 작업으로 표현해보자고 했을 때, 이런 주제가 추상적인데다가 너무 막연하게 느껴져서 어려울 수 있다. 만약, 감정 표현을 어렵게 생각하는 내담자라면 형태까지 포함된 이미지를 떠올리지 말고 한 가지 구성 요소만 생각하도록 주문한다. 즉, 색깔이면 색깔, 선이면 선, 아니면 형태라든가 무게라든가 표면의 촉감이라든가 등 한 가지만 생각하도록 하는 것이다. 그림을 구성하는 각각의 구성 요소가 느낌을 표현할 수 있다. 그중에서 감정과 가장 가까이 있는 요소는 단연코 색이다.

색깔은 감정을 잘 전달할 수 있으며, 또 감정을 불러일으킬 수 있다. 자신의 현재 마음을 가장 잘 드러내는 색이 무엇인지 골라보도록 한다. 그리고 그 색으로 큰 도화지에 색칠해보도록 한다. 한 가지 색만 사용해서 뭔가 부족하다고 느껴지면, 마음에 끌리는 다른 색을 더

"초록이랑 노랑이 끌려요. 노랑이 중심에 있고, 그 주변을 초록이 감싸고 있으면 좋겠어요."

첨가해보도록 한다.

변형 1 | 일주일 동안의 감정을 돌아보고자 한다면, 매일매일 한 장씩
색을 칠해보도록 한다. 그리고 그 종이들을 연결해서 일주일 동안의
감정이 어떤 색으로 나타나는지 볼 수 있다.

변형 2 | 자신의 감정이라 느껴지는 색을 선택했다면, 이번에는 그 색
에 보색이 되는 색을 바라보자. 그리고 그 보색에서 느껴지는 느낌들
은 무엇인지 이야기해보자. 그러한 느낌은 자기 삶에서 구체적으로 어
떤 것이라고 말할 수 있는가?

변형 3 | 자신의 감정을 색으로 표현했을 때 그 색이 가장 잘 어울리는 자연물은 무엇인가? 그 자연물이 포함된 풍경을 그려보자. 그리고 그 풍경이 어떻게 되면 가장 이상적으로 될 수 있을지 고민하면서 완성해보도록 한다.

중심 색깔 정하고 그리기

자신의 마음을 잘 표현하는 어떤 색을 생각해보자. 그리고 그 색을 중심 색깔로 해서 그림을 그려보도록 한다. 풍경화든 추상화든 상관없다. 그림을 그리면서 중심 색이 아닌 다른 색도 물론 사용 가능하다. 중심 색깔 하나만 있어야 하는 것은 아니다.

자, 이제 완성이 되었다면 그림 전체에서 느껴지는 분위기를 감상해보자. 원래 생각하던 색깔의 느낌과 잘 맞는가? 만약에 달라졌다면 어떤 느낌이 새롭게 드는지 살펴보자. 그리고 그렇게 달라진 이유가 무엇인지에 대해서도 생각해보자. 중심 색깔 외에 사용된 색은 무엇인가? 마음에서 생각했던 중심 색깔 외에 그림에 사용된 색은 중심 색깔과 유사한 색인가, 아니면 보색에 가까운 색인가? 그 색은 원래 생각했던 색을 두드러지게 해주는가, 아니면 배경과 섞이도록 해주는가?

"검은 밤바다가 생각이 나요. 제 감정을 색으로 표현하면 검은색인데, 달을 그리게 되면서 다른 색도 더 쓰게 되었어요. 다 그리고 보니 뭔가 강렬하고, 화가 난 것 같기도 해요."

감 정 표 현 1 0

평붓으로 칠하기

평붓은 납작하고 옆으로 넓은 평평한 붓으로 한번에 칠할 수 있는 면적이 넓다. 바탕에 칠해야 할 공간이 넓을 때 자주 사용하는 붓이기도 하다. 작고 가는 붓이 아니라 크고 넓은 붓으로 바닥을 덮듯이 칠해보면 마음이 뻥 뚫리는 경험을 할 수 있다.

이 방법은 소심한 내담자, 긴장한 내담자, 답답함이 가득한 내담자, 감정 표현을 어려워하는 내담자 모두에게 도움이 된다. 그리고 이 방법은 그림을 그리는 능력이 부족하다고 느끼는 내담자에게도 도움이 되지만, 미술을 전공했거나 그림을 잘 그리는 사람에게 오히려 큰 도움을 줄 수 있다. 얼핏 역설적으로 들리겠지만, 사실 뭔가를 잘하는 사람들이

평붓은 크기 때문에 4절지를 두 장 이어 붙여서 칠해도 금방 칠하게 된다. 원하면 더 큰 면적에 칠해보도록 하자.

오히려 자신의 능력을 덫처럼 여기기도 한다. 아무래도 직업으로 미술 분야(디자인이든 순수예술이든 혹은 관련 분야이든)에 종사하는 사람들은 '잘 그리고 못 그리고보다 중요한 것은 자신의 표현이다'라는 미술치료의 명제를 머리로는 이해하고 받아들이지만 마음으로는 충분히 자유롭지 못하다. 그러다 보니 그림 작업을 할 때 머뭇거리는 경우도 빈번하고 불필요할 정도로 장식을 하는 경우가 더러 있다.

내가 만났던 30대 초반의 여성 디자이너도 그랬다. 그 사람에게는 그림이 어떤 면에서 자신의 능력을 평가하는 것이다 보니 이미지를 표현하려고 할 때마다 망설이고 어려워하는 것 같았다. 그래서 그 사람에게 형태를 표현하지 말고 크고 넙적한 평붓으로 색만 칠해보라고 했다. 그렇게 몇 장을 칠하고 나서야 손과 마음이 풀리며 긴장이 누그러졌다고 했다.

감정이 막혔다면 노란색

감정을 이야기해보자고 했지만, 막상 내 감정이 무엇인지 어떤 느낌인지조차 잡히지 않는다고 하는 내담자들도 있다. 어쩌면 이들은 감정이 막힌 상태일지도 모른다. 분명히 뭔가 느끼고는 있는 것 같은데, 그것이 무엇인지 본인 스스로는 인지하지 못하는 것이다. 그럴 때는 색을 고르기도 쉽지 않고, 감정과 그림 간의 연결을 찾기도 쉽지가 않다. 이러한 경우에는 가장 보편적으로 쓸 수 있는 색부터 시작해보자. 다름 아닌 노란색이다.

노란색은 다른 어떤 색보다도 밝고 따뜻하다. 노란색은 태양의 색이므로 색채치료에서 특정 색을 사용하지 않을 때 가장 흔히 사용하는 색이기도 하다. 노란색은 마음에서 추위를 느끼는 사람들에게 큰 도움이 된다. 인간관계에 지쳤거나 상처를 받았거나, 혹은 심적인 에너지가 부족한 경우 노란색이 도움이 된다. 노란색이 부적절한 경우는 잠을 청해야 할 때와 차분해져야 할 때이다. 노란색은 빛의 색이므로 수면을 돕기에는 알맞지 않고, 에너지를 활성화시키는 색이므로 고요하게 응집해야 할 시기와는 어울리지 않는다.

감정이 막힌 경우에는 내면의 에너지를 불러일으키고 따뜻하게 해줄 수 있는 노란색으로 시작한다. 먼저 노란 색종이나 색 도화지를 보고 어떤 것을 사용할 것인지 결정한다. 색종이나 색 도화지를 뜯고 붙일 수도 있고, 노란색 도화지 위에 다시 노란색으로 칠해볼 수도 있다. 색종이나 색 도화지 말고 흰 도화지를 사용하기로 했다면 4절 흰 도화지에 노란색 물감을 칠하는 것으로 시작해보자. 위쪽에서 아래쪽, 혹은 왼쪽에서 오른쪽으로 한 줄씩 그어서 칠했다면, 그다음에는 도화지 중앙에서 원을 그리며 확장해서 나오도록 그려보자. 중심부에서 확장해서 나오는 형태와 노란색은 썩 잘 어울린다. 이렇게 두 장을 칠했다면 그다음에는 노란색에 다른 색을 섞어서 칠해보자. 섞은 색이 연두색이 될 수도 있고 주황색이 될 수도 있다. 드물지만 흰색을 선택해서 연노랑으로 만드는 경우도 있다. 노란색에 흰색을 섞는 경우는 마음이 많이 약해진 상태이므로 치료 회기에서 조금 더 편안함을 느끼도록 배려해주어야 한다.

색을 칠하다가 4절지가 작게 느껴진다면 2절지나 전지로 바꿔서 칠하도록 한다. 그렇게 해서 몇 장을 칠하고 난 뒤 어느 정도 충분하다는 느낌이 들면 벽면에 이제까지 칠한 모든 종이를 붙여보자. 그리고 이 작업 결과물을 바라보며 이야기를 나누자.

- 색에서 어떤 느낌이 드나요?
- 따뜻함을 느꼈던 때에 대해서 기억나는 대로 이야기해보세요.
- 마음에서 추위를 느꼈던 경우가 있나요? 최근에는 언제였나요?

추상화 그리기

심리치료에서는 필연적으로 구체적인 이야기를 해야 마음의 문제를 풀어갈 수 있다. 막연하게 "사는 게 너무 힘들어요"라거나 "그냥 답답해요"라는 식으로 이야기해서는 상담이 진척되지 않는다. 구체적으로 자신이 겪은 경험을 알갱이 수준까지 이야기하는 것이 도움이 된다. 더불어 최근에 경험하는 일상을 자잘하게 들여다볼 수 있어야 과거와의 연결성이나 그 사람의 성격 구조를 이해할 수 있게 된다.

추상화를 그리는 것은 구체적인 이야기를 하는 것과 반대되는 것처럼 보일 수 있다. 그런데 숲과 나무를 보는 것이 둘 다 중요하다는 전

"여기 가운데는 불꽃 같은 거예요. 마음에 화가 있어요. 그 주변으로 차가운 것들이 에워싸고 있어서 아직 밖으로 나오진 못했어요. 그렇지만 곧 나올 거예요."

제로 접근해보면, 이 기법은 감정의 큰 그림을 보도록 해주는 것이다.

나날의 일상에서 구체적이고 자잘한 알갱이를 말로 나누었다면, '감정'이라는 주제의 추상화를 해봄 직하다. 반대로 감정 추상화를 그렸다면 하루하루의 경험을 구체적으로 말하고 짚어볼 필요가 있다.

감 정 표 현 1 3

빗속의 사람 그리기

비 내리는 날, 빗속에 있는 사람을 그려본다. '빗속의 사람'이라는 주제는 그리는 사람이 스트레스를 받는 상황에서 어떤 마음으로 있는지를 보여줄 수 있는 주제이다. '비'라는 소재는 그 자체로 긍정적이거나 부정적인 뉘앙스를 가질 수 있지만, 빗속에 있다는 상황 설정이 조금 더 부정적인 상태로 드러나게 한다. 빗속에 있다는 것을 즐기는 사람도 있겠지만, 대부분은 축축하게 젖어 있거나 빗방울이 튀거나 묻는 것을 떠올릴 것이다. 그래서 이 주제는 스트레스를 받는 상황에서 어떤 마음 상태로 있는지, 얼마나 스스로를 보호할 수 있는지, 그 상황에서 느끼는 감정은 무엇인지 등을 드러내게 해준다.

"이 아이는 저처럼 열다섯 살이에요. 어린아이가 아니니까 비가 와도 도와주는 사람이 없어요."

빗줄기나 빗방울, 비구름을 묘사한 것을 보면 외부 스트레스가 어느 만큼 크고 심각하게 느껴지는지 가늠해볼 수 있다. 그림을 그리는 내담자가 심리적으로 지쳐 있고 상당히 불안하거나 심한 스트레스를 받고 있다면, 사람보다 비를 더 집중적으로 묘사하는 경향이 있다. 스트레스를 주는 대상이나 상황이 오래 지속되었고 강력한 상대라면, 비뿐 아니라 검은 비구름, 천둥, 번개 등도 함께 묘사한다. 드물지만 태풍을 묘사한 경우도 있었다.

그리고 사람의 복장(비옷이나 장화, 모자 착용 여부)과 우산 유무를 보면 스스로를 어느 정도 잘 보호하고 지켜내는지 살펴볼 수 있다. 사람의 표정과 자세도 스트레스를 대처하는 마음 상태를 알려주며, 그 사람이 있는 장소나 분위기 역시 그림을 그린 사람의 감정과 전반적인 적응 상태를 보여준다.

감 정 표 현 1 4

감정 색상 사전

자신의 감정을 지속적으로 관찰하고 주기적으로 점검해보는 것도 자신을 알아가는 좋은 방법이다. 그림을 꾸준히 그리는 것도 감정에 대한 다큐멘터리가 되겠지만, 긴 시간 그림을 그리는 것이 여의치 않거나 간단한 글을 곁들인 감정 작업을 하고 싶다면 감정 색상 사전을 만들어볼 수 있다.

감정 색상 사전은 감정 어휘와 색상을 연결하고 자신에게 현재 떠오르는 것들을 간략하게 기록하는 방법이다. A4 용지에 표를 그려 출력한다(280쪽 참조). 날짜를 적을 수 있는 공간을 두는 것이 좋다. 왼쪽부터 감정, 색상 1, 색상 2, 색상 3, 떠오르는 것, 이렇게 적어둔다. 색상이나 감정을 더 적고 싶다면 행이나 열의 칸을 늘리도록 하자.

맨 처음 좌측열부터 적어보기 시작한다. 무슨 감정을 적어야 할지 어휘가 잘 생각나지 않는다면 부록에 실린 감정 단어들(281쪽 참조)을 참조한다. 감정을 표현하는 단어를 3~5개 정도 기록한 뒤 각각의 감정에 맞다고 생각하는 색을 칠해본다. A4 용지에 적고 있다면 색연필로 작업하기가 편하고, 원한다면 파스텔이나 물감으로 해도 좋다.

이렇게 자신의 감정과 색상을 연결해서 기록하다 보면, 어떤 감정이 색상으로 느껴지는 순간도 올 것이다. 그 감정이 힘든 것이라면 그 색상을 중화시켜주거나 진정시켜줄 수 있는 색을 떠올리도록 한다.

미술치료를 통한 감정 풀어주기

미술치료를 통해 감정을 다루고 그것을 성숙시키는 것은 의미 있는 일이다. 감정은 생각이나 의지로 100 퍼센트 조절되지 않기 때문에 특히 그러하다. '이런 마음을 먹어야지' '이렇게 느끼지 말아야지'라고 한다고 해서 그런 마음이 되지 않는다.

감정이 차단되거나 억제된 경우에는 몸이 아픈 것으로 대신 표현될 수도 있고 아니면 삶이 무미건조하게 느껴지기도 한다. '신체화'라는 것은 신체적인 문제가 있는 것이 아닌데도 몸이 아프고 문제가 있는 경우를 말하며, 대개는 심리적 원인 때문에 발생된 것으로 볼 수 있다. 그러한 문제를 일으키는 원인 중에 하나가 해결되지 못한 감정이며 억제되거나 무시된 감정이다. 따라서 이러한 문제를 해결하기 위해서는 감정이 표출될 수 있는 통로를 열어주어야 한다.

감정에 목소리를 달아주고 모습을 부여하는 것, 그것은 바로 예술이 담당하는 일이기도 하다.

미술을 통해 감정을 표현할 때 다음과 같은 것들을 기억하면 좋다.

첫째, 감정을 표현할 때 그냥 있는 그대로를 표현하면 된다. 억누르거나 무시하지 않고 감정을 표현하는 것이 중요하다. 간혹 감정을 표현해보라고 했을 때, 자기는 표현할 감정이 없다고 하는 경우도 있다. 하지만 실제로는 감정이 없다기보다는 감정을 무시해왔기 때문에 잘 느껴지지 않는 것일 때가 많다. 감정은 그 자체가 표현되고자 하는 욕구를 지닌 에너지이며, 일상생활 속에서 누구에게나 부여된 경험 에너지이다. 그러므로 표현하고자 하는 첫 번째 시도가 어렵거나 막히는 느낌이 들더라도 급하게 서두르지 말고 천천히 느껴보려고 하면서 계속해서 표현하려고 노력하면, 조금씩 감정이 선명하게 느껴질 것이다.

둘째, 감정을 존중해주어야 한다. 감정은 그 자체로 좋거나 나쁘거나 혹은 사악한 것이 아니다. 감정에 대해 지나치게 평가하지 말고 그 자체로 존중해주어야 한다. 감정에 담긴 마음속 메시지를 이해하기 위해서는 평가가 아닌 기다림과 이해가 필요하다.

셋째, 감정을 발효시켜나가야 한다. 있는 그대로의 감정을 인정하고 존중해주되, 날것으로서가 아니라 좀 더 숙성된 감정 상태를 지향해야 한다. 감정 에너지를 과도하게 사용하는 편이라든지, 아니면 감정에 휘

"절벽 위에 사람이 서 있다. 그 사람 손에서 뭔가 흩어지고 있다.
어쩌면 저 사람은 그 가루를 뿌리려고 절벽까지 올라갔나 보다."
주리애, 「마음속의 풍경 Ⅱ」, 캔버스에 유채, 47×65cm, 2012

둘린다든지, 감정이 느껴지지 않는다든지 여러 가지 경우가 있을 수 있다. 어느 경우든지 좀 더 건강한 감
정 상태를 지향하면서 현재의 감정을 잘 성숙시키고자 마음을 모아야 한다.

07

자기 발견

미술치료는 사람의 환경이나 조건, 상황을 바꾸어주지 않는다. 다만 그 환경과 조건, 상황을 보는 눈을
바꾸고자 할 뿐이다.

사람이 행복과 불행을 느끼는 것은 그에게 주어진 삶의 조건 자체 때문이 아니다. 그 조건을 해석한 방
법이 원인이 된다. 삶의 조건이 바뀌지 않더라도 그것에 대한 해석이 바뀐다면 내 감정도 바뀔 수 있다.
그렇다면 나는 내 조건을 어떻게 해석하고 있는가? 이 장에서는 그것을 찾는 여행을 떠나기로 한다.

고통 표현하기

재료 | 찰흙(여러 가지 색이 있어도 되고 한 가지 색만 있어도 된다), 찰흙 작업용 포크(오래되어서 식사용으로 사용하지 않는 일반 포크), 티슈, 신문지, 이쑤시개, 못, 나사, 철사(색깔이 있을 경우 몇 가지 종류로 준비) 등 각종 철물 조각을 준비한다. 이 재료들은 얼마든지 유연성을 가지고 가감할 수 있다. 어떤 재료를 더 선택할 수 있을까? 그 답은 치료사 자신에게 달려 있기도 하다. 고통을 주는 대상을 형상화할 수 있는 것들로는 무엇이 있을까?

방법 | 내담자에게 "찰흙으로 자기 자신을 상징하는 어떤 대상을 만들어보시겠어요?"라고 말하면서 미술 작업을 하도록 한다.

내담자가 다 만들고 나면 "자, 여러 가지 재료들이 있지요? 철사랑 못, 나사, 이쑤시개 등이 있네요. 이 재료들을 방금 만든 찰흙에 꽂아서 고통을 나타내보세요"라고 설명해준다.

이 기법을 사용할 때 주의할 사항은, 내담자가 기법에 사용되는 재료를 잘못 쓰거나 자해할 위험이 없어야 한다는 점이다. 특히 아동의 경우는 치료사가 각별히 신경 써야 한다.

"다 마르고 나니까 여기 중간 부분이 부러졌어요. 그게 정말 제 마음 같네요. 처음에는 괜찮은 것 같았는데, 시간이 지나고 나니까 부러지는 것이……."

찰흙으로 표현한 나

찰흙은 아동과 청소년, 성인 모두에게 사랑 받는 미술치료 재료이다. 다만 찰흙의 경우 익숙하지 않은 내담자들이 대부분이므로 한 번만으로는 찰흙을 사용하는 것이 충분히 의미를 가지기 힘들 때가 있다. 그러므로 여러 번에 걸쳐서 계속 찰흙을 사용하는 것이 좋다.

찰흙이라는 재료가 조금 익숙해졌다면 찰흙으로 자신의 모습을 표현해보도록 한다. 구체적인 사람의 모습도 좋고 아니면 어떤 형상을 지닌 상징적인 모습도 좋다.

내담자가 자기 자신을 표현할 때 '내가 바라는 내 모습'이라는 주제를 주는 것도 매우 좋다. 미술치료에서 내담자가 기대하는 변화가 어떠한 것인지는 치료의 초반부에서 미리 이야기되어야 하지만, 치료 과정을 따라가면서 계속해서 함께 짚고 넘어가야 할 중요한 부분이다.

자신이 바라는 모습을 그림이나 찰흙으로 표현하고 그 느낌과 생각을 이야기하면서, 구체적인 행동으로 어떠한 것들이 있는지에 대해서도 충분히 이야기하는 것이 좋다.

"고개 숙인 공룡이에요"

갈등을 표출하는 주제들

갈등을 표출하기 위해 사용되는 주제는 다음과 같은 것들이 있다.

화산, 폭풍, 전쟁, 괴물, 공룡 등

방법 | 내담자에게 "공룡을 그려보세요"라거나 "화산이 폭발하는 모습을 그려보세요"라고 단순하게 이야기한다.

이렇게 단순하지만 어떤 은유나 비유의 대상이 될 만한 소재를 예로 들면서 그려보라고 하는 것은 아동이나 청소년에게 자주 사용되는 기법이다. 직면하기 어려운 문제를 가지고 있는 아동이라면(예를 들

"화산이 폭발하는 모습이에요. 뒤쪽의 두 산은 이미 폭발해버려서 까맣게 그을린 모습만 남았어요."

"조그마한 배가 있는데, 거대한 폭풍 때문에 이리저리 흔들리고 있는 모습이에요. 배가 침몰하고 있어요."

어 부모에게 심하게 구타를 당했다거나 이웃 어른에게 성적 학대를 받는 등의 이유로 상담소를 찾은 경우) 은유를 통해서 자신의 감정 상태를 표출하도록 유도하는 것이 심리적으로 안전하고 유용하다. 아동에게 상상 속에 나타나는 괴물이나 공룡을 그려보라고 하면 대부분 이 주제를 그다지 어려워하지 않는다. 그리고 그려진 대상에 더해서 다른 대상들 (예를 들면 공룡과 싸우고 있는 작은 아이라든가 괴물이 잡아먹은 동물이라든가)을 그렸을 경우에는 서로 간의 관계가 어떻게 표현되었는지 눈여겨봐야 한다. 왜냐하면 그렇게 표상된 관계가 결국 아동이 겪고 있는 문제를 상징하기 때문이다. 괴물을 그리고 그 괴물과 싸워서 보물을 얻는 모습을 그려보라고 하는 것도 아동이 자신의 삶 속에 어려움을 주는 대상을 어떻게 대하고 있는지 알 수 있는 좋은 방법이다.

자 기 발 견 4

나의 과거, 현재, 미래

재료 | 콜라주로 미술 작업을 할 경우 각종 잡지 사진, 풀, 가위 등이 필요하다. 혹은 그림으로 그린다면 기본적인 회화 도구를 주고 선택하게끔 한다. 이때 종이를 접어서 한 면에 과거, 다른 면에 현재를 그리게 한다면 종이는 사이즈가 큰 것이 좋다.

방법 | 콜라주를 할 때, 잡지 사진을 제공하는 방법은 여러 가지가 있다. 하나는 잡지를 통째로 주고 마음에 드는 그림이나 사진을 찾도록 하는 것이고, 다른 하나는 인물 사진을 미리 어느 정도 오려서 테이블

위에 진열해두고 사람들에게 고르게 하는 방법이다. 가끔은 사진이 아니더라도 글씨가 크게 인쇄된 부분을 단어나 문장으로 오려놓고 마음에 와 닿는 문구를 선택하라고 할 수도 있다. 감정과 관련된 명사나 형용사, 가족과 관련된 단어, 광고 카피 등은 흔히 선택하는 문구들이다.

그림으로 그릴 경우에는 종이를 반으로 접어서 과거와 미래만을 그리도록 해도 되고, 현재를 따로 떼어서 한 장에 그리도록 해도 된다.

찰흙의 경우에는 과거와 현재, 미래를 상징하는 각각의 찰흙 작품을 만들도록 한다. 한 회기 내에 다 하기 힘들 경우에는 어느 한 주제만을 선택해서 해도 좋다.

변형 1 | 엽서 크기나 A4 크기의 종이를 여러 장 준비한다. 내담자가 이야기했던 과거의 굵직한 사건이나 감정들을 비롯하여 현재의 상태, 상황과 앞으로의 계획이나 미래 설계를 한 장에 하나씩 표현하도록 해서 시간 순서로 일렬로 배열하고 연결할 수 있다.

연결할 때에는 테이프나 풀을 사용하지 않고 종이를 코팅해서 펀치로 구멍을 내고 쇠고리로 연결해도 된다.

변형 2 | 찰흙으로 작업할 때, 굳이 찰흙만으로 입체적인 어떤 형태를 만들 필요는 없다. 찰흙 작품을 종이 위에 올려놓고 종이에 배경 화면을 표현해도 좋고, 찰흙 위에 천이나 끈, 장식 재료 등을 첨가해도 된다.

"내게도 이런 때가 있었지요. 이렇게 예쁜 모습이었던 때가요."

내가 좋아하는 내 모습과
싫어하는 내 모습

방법 | 큰 종이의 화면을 나누어서(대개 반을 접어서 나눈다) 나뉜 면 각각에 구체적으로든 추상적으로든 주어진 주제를 표현한다. 그리기가 어렵다면 글씨로 써도 되고 콜라주를 해도 된다.

변형 1 | 이 주제는 여러 가지로 변형이 가능하다. 주제 그리기가 끝나면, 가위로 두 부분을 잘라서 나눈다. 그리고 둘 중 한쪽을 오려서 남은 한쪽에 창조적으로 덧붙인다. 이때의 핵심은 내가 좋아하는 모습

"제가 좋아하는 모습은 아래쪽 잎처럼 생명력을 가진 모습이에요. 그 위의 초록빛 덩어리는 힘이 있는 것 같지만 실체가 없어서 약하거든요."

도, 싫어하는 모습도 모두 나의 모습이라는 것을 볼 수 있도록 해주
는 것이다. 어두운 부분들을 새로운 형태로 오려서 완전히 다른 작품
으로 만들었다 할지라도, 그 새로운 부분들이 어두운 모습에서 나왔
다는 것을 생각해볼 필요가 있다. 이러한 미술치료 기법은 내담자들
이 은연중에 가지고 있는 흑백논리에서 탈피하도록 도와준다.

변형 2 | 대인과의 관계에서 어려움을 겪고 있는 내담자라면, 그 사람
에 대해 어떤 점을 좋아하고 싫어하는지 표현하거나 정리하는 것도
도움이 된다.

남이 보는 내 모습과 내가 보는 내 모습

방법 | 4절 종이를 절반으로 접고 각 면에 남이 보는 내 모습과 내가 보
는 내 모습을 그리라고 한다. 혹은 접은 종이를 '문'이라고 생각하라고
한 뒤, 문을 닫았을 때의 모습과 문 안의 풍경을 그려보라고 한다. (문
을 닫았을 때의 모습은 도화지를 접은 채 그리므로 도화지 뒷면에 그려지고,
문 안쪽의 풍경은 도화지를 펼쳐서 그리므로 도화지 전체를 활용하게 된다.)

이 주제와 관련해서 생각해볼 것은 타인을 대할 때와 자신을 대할
때 우리의 기대치가 다르다는 점이다. 내담자들을 만나보면 자기 자신
에 대해 지나치게 엄격한 사람들을 많이 볼 수 있다. 그러나 이 사람
들은 자기가 자신에 대해 그렇게 엄격하다고 생각해본 적이 없는 사

람들이었다.

한 내담자가 집단 미술치료를 하는 도중에 울었던 적이 있다. 다음 시간에 그 내담자에게 지난 회기에 울고 난 뒤 느낌이 어땠는지에 대해 물었다.

내담자 제가 별것 아닌 것에 너무 과민한 것 같아 부끄러웠어요.

치료사 만약에 다른 구성원이 자기 이야기를 하면서 울었다면 어떻게 생각하실 건가요?

내담자 치료 시간에 마음을 완전히 연 것이라고 생각할 것 같아요. 그리고 그게 솔직한 모습일 거고.

치료사 그렇다면 한번 생각해봐요. 왜 자신이 운 것은 부끄러운 일이고, 다른 사람이 운다면 그것은 괜찮은 일, 마음을 열었고 솔직한 일이 되는 건가요?

자 기 발 견 7
나의 인간관계를 한 단어로

방법 | 내담자 자신의 인간관계를 다섯 글자가 넘지 않는 한 단어로 나타낸다. 그리고 그 단어를 선택한 이유에 대해 이야기한다.

사람들이 힘들어 하는 이유는 결국 자신을 중심으로 짜여진 주위 사람들과의 인간관계 때문일 때가 많다. 그러므로 인간관계를 한 단어로 표현해보라고 하는 것은 매우 의미심장한 반응을 이끌어내게 된다.

몇몇 예를 보면 다음과 같다.

이래도 되나 요즘 내가 뭘 하고 있는지 나도 잘 몰라서요.
슬픈 꽃사슴 겉으로는 괜찮아 보이는데, 속은 슬플 때가 많아서.
어리벙벙 사람들을 대할 때 분위기 파악을 잘 못해서 사람들에게
맞추지 못할 때가 많아요.
자물쇠 고민 같은 것은 절대 남들에게 이야기하지 않았으니까.

자 기 발 견 8
내가 좋아하는 것

좋아하는 것이 있다는 것은 내담자에게 심리적 자원이 될 것이다. 좋아하는 것이 사람이든 장소이든 상황이든 구체적인 대상이든, 좋아하는 무엇이 있다는 사실이 중요하다. 주제를 제시할 때는 "좋아하는 것을 그려보세요"라고 포괄적으로 제시하되, 사람에 따라 필요하다면 구체적인 예를 들어주도록 한다.

"제가 좋아하는 여자랑 이야기하고 있는 모습이에요."

광고로 표현하는 내 모습

"제 마음을 보여주는 광고예요."

　자기 자신을 광고로 표현한다면 자신의 무엇을 광고하고 싶은지에 대해 이야기해본다.

방법 | 신문, 잡지 등의 광고나 광고 전단지 중에서 마음에 드는 광고를 선택하여 부분적으로 자신에게 맞는 내용으로 변형해본다. 일부를 오리거나 새로 붙이고 칠하여 바꿀 수도 있고, 아예 새로운 종이 위에 비슷한 형식으로 만들 수도 있다.

변형 | 광고 문구 중에서 마음에 드는 문구만을 오리거나 변형하여 사용할 수 있다.

연습 | 신체의 일부를 본뜰 경우 많이 사용하는 부분은 손이다. 손을 본뜨게 한 뒤, 손가락마다 주제를 정해서 색으로 장식하도록 권해볼 수 있다.

실물 크기의 신체 본뜨기

방법 │ 전신상을 본뜰 경우 두루마리 전지를 바닥에 펼쳐놓고 치료사
가 내담자의 신체를 본떠줄 수도 있고, 집단 미술치료일 경우 구성원
이 서로서로 신체를 본떠주어도 된다. 본을 뜨고 난 다음에는 외곽선
만 그려진 상태에서 그 모습을 보고 느껴지는 점을 이야기해본다. 외
곽선으로만 표현된 내 모습을 보는 것은 의외의 경험이 될 수 있다.

전신상을 본뜬 뒤 그 안을 색칠하는 것은 자칫 고된 노동이 될 수

두루마리 전지 위에 눕는다.

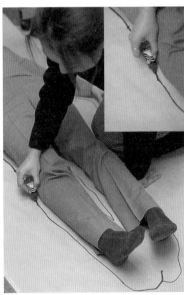

몸 주위를 둘러가며 펜으로 그어 본을 뜬다.

본이 다 떠지면 그 안에 색
을 칠하여 자신과는 또 다
른 모습으로 변화를 주고
이야기한다.

도 있으므로, 색칠하는 것 외에 다른 방법(이를테면 몸의 일부에 사진이나 글자를 오려 붙여서 콜라주를 해도 된다)이 있다는 것도 이야기해 준다.

지도로 표현하는 나

'마음의 지도' '감정의 지도' '시간에 따른 변화를 보여주는 지도' 등 여러 가지로 변형 가능하다.

마음의 지도를 그린다면 다음과 같이 이야기할 수 있다.

방법 | 다음과 같은 말로 어떻게 그리는지 알려준다.

"자, 지금부터 자신의 마음의 지도를 그리는 거예요. 자신이 기억하는 감정도 좋고 지금 느끼는 감정도 좋아요. 마음의 부분부분을 차지하는 여러 감정들을 지도로 표현해보는 거예요."
"여러 가지 색깔이나 형태를 사용해서 생각하는 다양한 감정을 서로 다르게 표시할 수 있어요."

변형 | 주제와 상관없이 그려진 그림을 놓고 그려진 부분들에 제목을 붙여보는 것도 가능한 방법이다. 형태에 따라서든 혹은 색깔에 따라서든 마음의 어느 부분들을 나타내고 있는지에 대해 이름을 붙여보

게끔 한다. 자신의 마음에 대한 통찰을 키울 수 있는 방법이다. 다음과 같이 이야기할 수 있다.

"여러 가지 색을 사용하셨군요······. 만약에 각각의 색들이 마음의 어떤 부분들이라고 할까요, 감정을 나타내고 있다면, 어떤 감정일까요?"
"여기 왼쪽 부분들은 주로 파란색과 보라색을 쓰셨군요. 오른쪽 이 부분은 빨간색을 쓰셨고요. 이 두 부분 각각이 어떤 감정을 상징한다면 그것은 어떤 감정일까요?"

이름 디자인하기

어렸을 때의 애칭이나 친구들에게 불렸던 별명을 디자인해도 좋고, 자기의 이름이나 혹은 추상명사로 자기 이름을 만들어서 그 이름을 디자인해도 좋다.

장식용 반짝이 가루를 사용해서 이름 형태를 따라 색색으로 풀칠하고 가루를 뿌려 붙이는 것도 하나의 방법이다.

묻어나올 수 있는 잉크나 수성펜을 사용해서 이름을 진하게 쓴 뒤 반으로 접어서 반대편에 자국이 생기면 그 자국을 진하게 살린다. 양편에 새겨진 이름이 서로 대칭이 되면서 새로운 도형을 만들어내는데 이 새로운 도형에 선과 색을 가감해서 하나의 작품으로 만들 수 있다 (특히 청소년들이 선호하는 기법이다).

자기 상징 그리기

자신을 상징할 수 있는 어떤 도형이나 형태를 만든다.

상징을 그려보라는 지시는 단순해 보이지만, 내담자들로 하여금 쉽게 시작할 수 없을 만큼 고민하게 만든다. "어떻게 그려야 나의 상징이라고 볼 수 있을까 생각했는데 쉽지 않았다"라는 말은 성인 내담자들에게서 특히 많이 들을 수 있다.

하지만 길게 고민한 만큼 내담자들이 그려놓은 상징의 의미는 크다. 내담자가 만든 형태가 보여주는 상징성의 의미도 있지만, 왜 그러

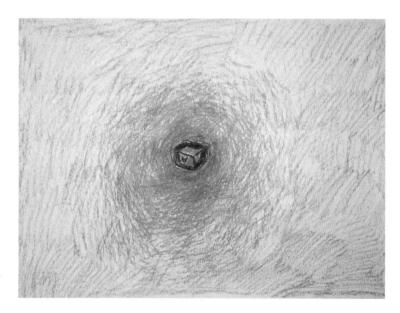

"이 조그마한 상자가 제 마음의 상징이에요."

한 상징을 선택했는지 그 자체만으로도 의미가 있다.

변형 | 상징을 오리고 나서 상징의 배경을 여러 장 만든 뒤 배경이 갖는 의미에 대해 이야기한다.

형태 찾기

이 기법은 난화와 유사하다.

방법 |

"당신의 마음을 표현하는 선을 그려보세요. 직선도 좋고 곡선도 좋습니다. 마음을 표현할 수 있는 선이면 됩니다."
"자, 이제 종이를 여러 각도로 돌려보세요."
"어떤 대상이나 형태가 보이나요?"
"방금 찾은 대상을 더 잘 보이도록 그려보세요."

난화는 주로 곡선을 긋고 난 뒤 여러 각도에서 관찰하여 어떤 형상이나 이미지를 찾아내고 그 모습을 만들어나가는 것이다. 이 기법 역시 사용하는 선이 반드시 곡선이어야 할 필요는 없다. 다만 자신의 감정을 나타내는 선이면 된다. 따라서 형태 찾기 기법은 앞서 설명한 선긋기나 감정 선 그리기에서 한발 더 나아간 것이라 볼 수 있다. 때로

"음…… 어떤 모습이요? 새가 보여요. 여기가 머리, 여기가 날개, 여기 다리가 있으면 되겠네요."

는 선이 격렬하게 여러 번 겹치기도 하는데, 그렇다 하더라도 어떤 형태를 발견할 수 있으므로 한번 시도해봄 직하다.

위의 도판에 나타난 새의 형태도 치료사조차 처음에는 전혀 생각하지 못했던 형태이다. 하지만 내담자는 별로 고민하거나 망설이는 기색 없이 한두 번 보더니 금방 새의 형태를 찾아냈다.

내 안에서 자라는 힘

방법 | 추상적인 상징으로 내 안에서 자라는 힘을 표현하라고 한다. 또한 이전 작업에서 내담자의 힘이 느껴지는 상징이 있었다면 그 상징을 다시 그리도록 해도 된다. 이때 기존의 상징은 부분적으로 변형하거나 내용을 바꿀 수 있다.

내담자들은 자기 자신이 힘을 가지고 있다는 말에 곧잘 저항한다. 자신은 패배자이고, 약하며, 능력이 없고, 사랑받을 수 없다는 생각에 몰두해 있기 때문에 자칫 치료사가 섣불리 "당신에게 힘이 있습니다"라는 이야기를 꺼내게 되면 무시하거나 반박, 혹은 이해 받지 못했다는 느낌을 가지기도 한다.

그러므로 치료사는 내담자가 호소하는 어려운 점, 약점, 문제점 등의 존재와 더불어 강점과 힘도 존재한다는 것을 이야기해주어야 한다. 내담자의 강점은 치료사가 실제로 목격하고 경험한 것들에서 시작하는 것이 좋다.

내담자가 자의로 치료를 받겠다고 결정했다면, 그것 역시 내담자의 강점이다. 자신의 문제를 해결하겠다는 의지가 있다는 증거이므로 아무리 문제가 많고 고통이 심하더라도 내담자의 힘이며 강점을 보여주는 대목이다. 혹은 내담자가 타의에 치료를 받겠다고 왔다 하더라도 치료실의 그 자리에 앉아 있을 수만 있다면 그것도 내담자의 강점이라 할 수 있다.

내담자가 치료 시간을 지켜 온다면 그것도 내담자의 강점이다. 그렇게까지 마음이 힘들고 손 하나 까닥할 수 없지만 자신의 발로 걸어서 상담을 받으러 온다는 것이 내담자의 힘에 의한 것이라는 점을 이야기할 수 있다.

내담자가 치료사와 진지하게 이야기를 주고 받는다면 그것도 내담자의 강점이다. 내담자가 자신의 가족 이야기를 할 수 있다면 그것 역시 내담자의 강점이다. 내담자가 자신의 고통에 대해 통찰하려 애쓴다면 그것은 말할 것도 없이 내담자의 강점이다.

"제 안의 힘은 바로 이 빨간 부분이에요. 바깥은 차가운 파도가 치고 있지만, 빨간 부분은 쉽사리 식지 않을 거예요."

자 기 발 견 1 6
인형 만들기

자기 자신이나 중요 인물을 상징할 수 있는 인형을 만드는 것은 상당히 구체적이고 직접적인 대상을 만드는 것이다.

자기 자신을 인형으로 만들었을 경우에는 스스로를 조금 더 객관적인 위치에서 바라볼 수 있게 된다. 철사나 빵 끈, 색 노끈 등을 이용해 만들면 원하는 대로 자세를 바꿀 수 있어서 좋다.

정신 의학자이자 심리학자인 융도 자신만의 인형을 만들어두고 상당 기간 그 인형을 소중히 대했다고 한다.

"난 여기 힘들게 매달려 있어." "이렇게 볕 좋은 데서 쉬고 싶어요." "나는 지금 내 마음을 표현한 곳에 와 있어."

변형 1 | 자신에게 힘을 주는 대상을 만들어보자. 실존하는 인물이어도 좋고 상상 속의 존재여도 좋다. '수호천사'를 만들어서 자기 가까이에 두도록 하자. 때로는 머리로 생각하는 것보다도 눈으로 볼 수 있는 수호천사가 더 많은 도움을 줄 수 있다.

변형 2 | 자신에게 중요한 마음 상태(슬픔이나 외로움 등)를 나타내는 배경을 두세 가지 그려보자. 그리고 그 배경 속에 인형을 놓아보자. 지금, 그 배경에 있는 인형에게 무엇을 해주고 싶은가?

다리 위의 사람 그리기

다리 위의 사람 그리기 기법은 변화를 겪고 있거나 선택을 해야 하는 상황에서 자기 자신을 좀 더 잘 이해하기 위해 그려봄 직한 주제이다.

다리 위에 있는 사람을 그려보자.

다리는 한 지역에서 다른 지역으로 연결해주는 건축물이다. 먼저, 그림 속에서 다리가 연결된 장소가 어디인지 살펴보자. 두 군데의 장소는 동일한 곳인가, 아니면 전혀 다르게 생긴 곳인가? 두 장소의 차이가 클수록 변화에 대한 욕구가 크고, 갈등이나 다양성을 강조하는 것이라 볼 수 있다.

다리는 어떤 다리인가? 난간은 어떤 모습이며, 다리의 연결 부위는 어떻게 생겼는가? 일차적으로 다리를 구분할 때, 튼튼한 다리인지 아니면 위험해 보이는 다리인지로 나눌 수 있다. 다리의 형태와 안전성은 주어진 상황에서 적절하게 기능하는 역량을 시사하기도 한다.

그리고 다리 위에 사람이 있다면 어떤 모습을 하고 어느 방향으로 가고 있나? 좌측에서 우측으로 움직이고 있는가, 아니면 그저 다리 중간에 서서 하염없이 뭔가를 바라볼 뿐인가? 혹은 다리를 넘으려는 시도도 못한 상태인가? 다리 위의 사람을 그리라고 했는데 심리적으로 많이 위축되었거나 외부 환경에 강력하게 저항하고 있는 상태라면 다리 아래나 바깥쪽에 사람을 그리는 경우도 있다.

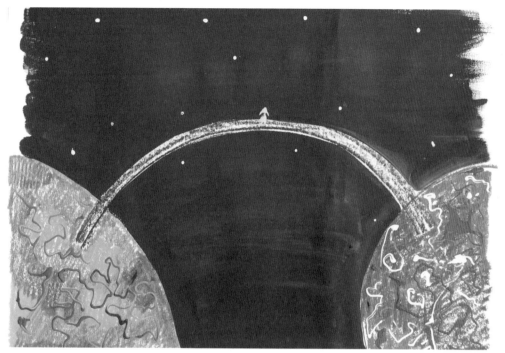

"이 다리는 지구와 화성을 잇는 다리예요. 저는 그 다리 위에 있는 아주 작은 점 같은 존재예요."

그림을 그리는 사람들이 받아들이는 '다리'는 무엇인가를 이루기 위한 과정이라거나 중요한 것들 간의 연결이라고 볼 수 있다. 다리 위의 사람 그리기 기법을 통해 그림 그리는 사람의 마음에서 표현되는 변화와 노력의 힘겨움을 추정해볼 수 있다.

미술치료를 통해 자기 이미지 발견하기

자신을 표현하는 좋은 방법은 자신의 이미지를 만드는 것이다.

이미지를 만들어 좋은 점은 두 가지이다.

하나는 자신을 '대상'으로 만들 수 있다는 점이다. 말하자면 마음의 거울을 얻게 되는 것과 같다. 사람은 누구나 자신을 잘 알고 있다고 생각하지만 어떤 상황에서는 거울에 비친 자기 모습을 확인해야 할 때가 있다. 마찬가지로 마음의 모습도 거울에 비춰볼 수 있으면 좋다. '바라볼 수 있는 대상'이 생겼을 때의 장점이 바로 그러한 것이다.

두 번째 장점은 이미지로 만들었을 때 자신의 생각과 다른 부분을 만나게 된다는 점이다. 그림을 그릴 때 생각한 이미지와 다 그리고 난 뒤의 이미지가 항상 같지는 않다. 왜냐하면 그림을 그리기 전이나 중간에 생각하는 단계에서는 다소 사고의 과정을 중심으로 진행되지만, 그림이 진행되는 과정에서는 사고가 아닌 다른 경로를 통해 영향 받는 측면이 생기기 때문이다. 따라서 그림으로 그려진 자기 이미지에는 자신이 원래 생각했던 모습뿐 아니라 생각하지 못했거나 별로 보고 싶지 않은 모습까지 포함해서 나타난다.

자신의 모습을 알아갈 때 지켜야 점은 다음과 같다.

첫째, 미리 제한하거나 부인하지 않는다. 자기 모습을 표현할 때 그 내용에 대해서 제한을 둔다거나 자기 모습이 아니라고 부인하지 말기로 한다. 그저 이러한 모습도 있나 보다 정도로 마

"전 제 이미지를 말로 표현해봤어요. 어떤 면에서 말이랑 제가 닮았어요. 말은 초식동물이지요. 겁도 많고요. 말이 뒷발질을 하는 것은 상대를 공격하기 위해서가 아니에요. 겁에 질렸거나 무섭거나 상대에게 위험을 받았기 때문에 자신도 모르게 하는 거예요. 전 이 말이 마음에 들어요. 힘들어 보이기도 하지만, 눈이 웃고 있잖아요."

음을 열어두면 된다.

둘째, 다양한 모습을 인정한다. 우리는 한 줄이나 한마디로 표현하는 정체성에 익숙하기는 하지만, 사실 사람은 그렇게 단순하지 않다. 정반대라고 여겨지는 모습을 동시에 가지고 있는 것도 흔한 일이다. 그러므로 미술 작업을 통해 자기 모습을 알아갈 때 자신의 모습이 무엇이든 그냥 그 자체로 인정해주도록 하고 그러면서 다양한 모습들을 더 많이 담아가기로 한다. 그럴 때 우리 안의 모습들은 좀 더 세분화되고 다양해질 것이다.

셋째, 여러 모습을 통합해나간다. 사람은 누구나 여러 가지 모습을 가지고 있는데, 이런 여러 가지 모습들이 질서 없이 그저 막연하게 나열되어 있다면 혼란스러울 수도 있을 것이다. 각각의 모습을 인정해 주되 이러한 모습들 간의 관계를 정립해서 통합해나갈 수 있다면 우리 안의 질서와 조화가 더 커질 것이다.

08

관계 속의 나를 돌아보기

다른 사람에 대해 무관심하다?
다른 사람에 대해 냉소적이다?
그 무관심과 냉소적 태도 아래에는 얼마나 많은 이야기들이 있는지. 관계에 대한 열망, 타인의 평가에
대한 과도한 예민성, 삼키고 억누른 분노, 의존과 독립, 반복적 우울. '상관없어요'라는 말은 그러한 이
야기들의 세계로 연결된, 열기 힘든 문일 뿐이다.

내가 받은 선물과 고통

집단 미술치료를 할 때 여러 가지 결과를 이야기해볼 수 있는 방법
이다.

재료 | 도화지(색상이나 크기 모두 자유롭게 준비한다), 기본 회화 재료

방법 | 우선 각 참가자들이 자신의 상징을 그리도록 한다. 시간은 대
략 7~10분 정도 준다. 그리고 오른쪽으로 자신의 작품을 넘겨주면,
그 다음 사람은 받은 작품의 배경을 그려준다. 시간은 5~7분 정도.
어떤 방식으로 배경을 그리든 그것은 전적으로 배경을 그리는 사람에
게 달렸다. 다시 오른쪽에 앉은 사람에게 그림을 넘겨준다. 그리고 이
번에는 그려진 대상과 닮았지만 약간 다른 어떤 대상을 그리라고 한
다. 하나만 그려도 되고 여러 개라도 된다. 역시 5~7분 정도 소요되
고, 다시 작품을 넘겨주고 받는다. 이제 한 작품 속에 꽤 많은 대상이
그려져 있는 상태가 되었을 것이다. 이번에는 그림 속 대상에게 주고
싶은 선물을 그려보라고 한다. 다시 종이를 넘기고 나면 주제를 바꾸
어서 그림 속에 사용되지 않았거나 거의 사용되지 않은 색깔을 사용
해서 새로운 대상을 그리라고 한다. 단, 색깔 외의 나머지에 대해서는
전혀 제한을 두지 않는다. 다시 오른쪽으로 작품을 옮기고 나면 이번
에는 이런 주문을 한다.

"이 별들은 싫어요. 어지럽고……. 날 괴롭힐 것 같아요. 그리고 여기 원 안에 그린 행성이랑 우주선? 그런 거랑 밑에 있는 무기는 좋아요. 저한테 힘내라고 붙여준 친구들과 힘을 갖도록 하는 도구 같아요."

"그 별 제가 그렸는데요, 흰 원이 혼자 있는 행성 같기에 친구하라고 그려준 선물이에요."

"저기 무기는 제가 그렸거든요. 그거 고통을 주는 대상을 그려보라고 해서 그린 건데……."

"그림 속의 대상이 싫어할 것 같은 대상을 그리세요. 그림 속 대상을 괴롭히는 상대라고나 할까요? 그러한 상대를 그려보세요."

이제 그림을 다시 원래 시작했던 사람에게 돌려준다. 그리고 돌아가면서 자신의 그림 속에 첨가된 여러 요소들 중에서 어떤 대상이 '선물'과 '괴롭히는 대상'으로 느껴지는지 이야기한다. 모두 이야기하고 나면 원래 그 작품에 선물을 그려준 사람과 괴롭히는 대상을 그려준 사람이 어떠한 의도로 그러한 내용들을 그렸는지에 대해 이야기를 나눈다.

관 계 속 의 나 2

안녕이라 말하기

'안녕'이라는 주제로 미술 작업을 하는 것은 치료가 끝날 즈음에 자주 등장하는 미술치료의 주제이다. 치료가 막바지에 이르면 반드시 치료의 종결에 대해 다루어야 한다. 내담자가 조금 후퇴한 듯한 양상을 보이는 것은 종결 시기에 자주 접하는 모습이다. 그러므로 다시금 치료의 전후와 과정을 되돌아보고 종결을 준비해가는 것이 중요하다.

긴 치료 여정이 마무리 단계에 접어들었을 때 '안녕'이라는 주제로 그리는 그림은 치료사에게도 내담자에게도 숨을 돌리도록 도와준다.

그리고 이 기법은 여러 가지 문제를 겪는 사람들에게 과거의 내 모습과 이별한다는 주제로 다양하게 활용할 수 있다. 예를 들어 알코올 중독이나 니코틴 중독 문제가 있는 사람들에게 사용할 수 있다. 알코올중독자들은 흔히 음주에 대한 기대와 생각이 일반 사람들과 다르며, 이러한 기대 때문에 음주의 폐해를 알면서도 쉽사리 끝내지 못할 때가 많다. 그러므로 음주에 대한 이중적인 감정, 즉 싫으면서도 끝내기 아쉬워하는 그런 감정을 표출하도록 하는 것이 도움이 된다. '안녕'이라고 말해야 하는 대상은 이 경우 음주 습관, 음주에 대한 기대 등이 될 수 있다.

또한 '안녕'이라는 주제는 어떠한 형태로든 상실을 겪는 사람들에게도 의미 있는 결과를 낳게 한다. 그러한 사람들에게는 치료의 중간 단계 즈음에 사용하는 것이 좋다. 왜냐하면 안녕이라는 주제가 수면 위로 부각되고 나면 그것을 추스르고 수습하며 다지는 작업들이 뒤따라오기 때문이다.

변형 1 | 안녕을 알리는 카드를 만들고 카드 속에 내용을 적는다.
변형 2 | 연이나 배, 비행기 등 띄워 보낼 수 있는 대상을 만들고 꾸민 뒤 그 속에 내용을 적어서 대상을 띄워 보낸다.

짝지어 그리기

이 기법을 사용할 때는 서로 짝이 되는 사람들이 어떤 사람들인지 조금 생각해볼 필요가 있다. 만약 둘 중 한 사람의 정신적인 기능이 현저하게 떨어진다면, 이 기법은 사용하지 않는 편이 좋다. 하지만 두 사람의 정신적인 상태가 비슷하다면 여러 모로 도움이 된다. 서로 간에 미술 실력이 달라도, 서로 겪고 있는 문제가 다르더라도 도움이 되는 기법이다.

변형 1 | 짝이 되어 서로 그려주기
변형 2 | 한 공간에서 함께 그리기
변형 3 | 번갈아가며 그리기

위의 방법 중 '번갈아가며 그리기'는 특히 여러 가지로 변형해서 활용할 수 있다.

그중 하나는 큰 테이블에 5~8명의 사람들이 둘러앉아서 짧은 시간 동안 그림을 그리고 그 다음 사람에게 그림을 넘겨주고 또 받아서 그리는 방식으로 진행하는 것이다. 혹은 그림은 자리에 그대로 둔 채 사람들이 이동하면서 그려보는 것도 좋다. 이동하면서 그리는 것은 아동들이 특히 좋아한다.

집단 벽화 그리기

집단 벽화는 담장과 같은 구조물에 직접 그릴 수도 있고, 혹은 큰 두루마리 전지를 펴서 벽이나 바닥에 붙인 채 그릴 수도 있다. 이 과정에서 치료사는 자유스러운 분위기가 유지되도록 도와준다. 물감이나 마커와 같은 회화 재료뿐 아니라, 페트병이나 장식용 구슬, 리본, 옷가지, 철사 등 콜라주 재료를 함께 사용해도 좋다.

집단 벽화를 할 때 주제를 주는 것도 좋다. 예를 들어 각 사람들이 자기만의 섬을 만들고 꾸민 후 거대한 대양 위에 붙인다거나, 큰 정원 안에 각자의 꽃을 만들어 붙인다거나, 바닷속 풍경이라든지 동물원을 주제로 서로 다른 동물들을 만드는 것 등이 있다.

이러한 집단 벽화는 그림을 분석하거나 다 그려진 그림 자체가 의미가 있는 것이 아니다. 그보다는 그리는 도중에 혹은 끝난 뒤에 이야기를 나누는 구성원 간의 상호작용에 의미가 있다. 서로에 대한 비난, 비판과 같은 불편한 상호작용은 물론이거니와 진심 어린 칭찬과 의미 없는 듯한 추어올림 역시 치료적 대화에 사용할 좋은 재료가 된다.

치료적 대화를 이끌려면 치료사가 좀 더 적극적인 자세로 참여해야 한다. 그저 "그림 다 그렸으니까 이야기나 해보시지요"라는 식의 자세로는 별반 얻을 것이 없다. 진지한 관심이 있다면 그 관심을 어떻게 대화로 잘 풀어나갈 것인가 고민하는 것이 치료사가 반드시 해결해나가야 할 숙제이다.

"여기 이 부분 좀 도와줘."
"어디? 여기?"
"분홍색은 어떨까?"

　치료는 사실 상당히 유연성이 있고 살아 있는 과정이다. 따라서 할 때마다 반드시 어떻게 해야 한다든지 하는 규칙은 잘 적용되지 않는다. 물론 치료사의 자세가 어떠해야 하는가에 대해서는 이야기할 수 있지만, 모월 모일 모시에 진행된 치료 그룹에서 어떤 방식으로 반드시 말해야 한다고 말할 수는 없다.

　그러므로 치료사가 머릿속으로 이런저런 반응을 생각하며 고르다가 말할 기회를 놓치는 것은 좋지 않다. 반응의 적절성 여부는 사실 치료가 끝나고 나서 회기를 되돌아보면서 평가하고 개선해나갈 부분이다. 치료 회기 당시에는 치료적 자세만을 가지고 지금 여기에 충실하는 수밖에 없다.

집단 스퀴글

스퀴글은 대개 개인 치료에서 사용되는데, 집단에서 하더라도 재미 있는 결과를 가져올 수 있다.

재료 | 전지(혹은 전지 두 장을 연결), 각종 회화 재료 및 장식적 공예 재료
방법 | 치료사 혹은 집단원 중 한 명이 자유롭게 곡선을 긋는다. 한 두 명 더 곡선을 첨가해도 된다. 어느 정도 선이 그려졌다고 생각되 면, 종이를 테이블 위나 바닥에 두고 내담자들이 종이 주위로 움직이

"그래, 어떤 모양이 보이는지 한번 볼까?" "여기 이 부분, 꽃 같지 않아?"

면서 어떤 형태나 이미지를 찾도록 한다. 그럴듯해 보이는 형상을 찾으면 선을 더하거나 색을 칠해서 형태로 만들어보라고 한다. 장식적인 공예 재료를 덧붙여 콜라주를 해도 좋다.

내게 스트레스를 주는 대상 총정리

방법 | "먼저 지난 한 달 동안(이 기간은 치료사의 판단에 따라 변경 가능하다) 나에게 스트레스를 주었던 사건이나 대상, 사람 등을 떠오르는 대로 죽 적어보세요."

"자, 이제 다 적었으면 나에게 가장 스트레스를 많이 주었던 순서대로 순위를 매겨보세요. 동일한 순위를 줄 수도 있습니다."

"이제 볼펜 색을 바꾸고, 이번에는 나에게 갖는 중요도 순서대로 한번 순위를 매겨보세요. 가장 중요한 것이 1위, 그다음이 2위 이런 식으로 매기면 됩니다."

"다 했으면 다시 볼펜 색을 바꿔서 적어놓은 대상이나 사건, 사람들이 5년 뒤에 나에게 갖는 중요도 순서를 매겨보세요."

"마지막으로 한 번 더 볼펜 색을 바꿔서 지난 일주일 동안 그 대상에게 투자한 시간의 양에 따라 순서를 매겨보세요. 가장 많은 시간을 투자한 대상이 1위가 됩니다. 순위를 매기면서 그 옆에는 평균적으로 하루에 몇 분 정도를 사용했는지 쓰세요."

변형 | "적어놓은 대상들 중 절대로 해결할 수 없는 문제가 있으면 체

크해보세요"라고 말한 뒤 만약 내담자가 몇몇 문항에 체크하면, 내담자에게 절대로 해결되지 않는다고 말하면서도 그 문제에 연연해 있는 이유를 생각하도록 한다.

포인트

우리가 스트레스를 받는 것은 결국 일이나 작업의 강도보다는 사람과의 관계 때문이다. 스트레스를 받을 때는 마치 그 스트레스가 시작도 끝도 없이 무한한 것처럼 느껴지겠지만, 조용한 시간에 이러한 스트레스의 대상을 정리해보면, 내가 의외로 사소한 일에 스트레스를 많이 받고 있었다는 것을 깨닫게 되기도 한다. 이를테면 5년 뒤에 내게 전혀 중요하지 않은 문제가 스트레스를 많이 줬던 대상 2위에 올라오기도 하고, 혹은 스트레스 대상 1위라고 적었으면서도 실제로 그것을 해결하기 위해 시간을 투자한 것은 주당 한 시간도 채 되지 않는다는 것에 놀라기도 한다.

관 계 속 의 나 7

내게 중요한 사람 그리기

중요한 대상을 그리도록 하는 것은 진단에 의미가 있을 뿐 아니라 치료적으로도 의미가 있다. 예를 들어 내담자에게 가족을 그려보라고 하면 진단하는 데는 물론, 그린 뒤에 가족에 대해 이야기하도록 하는 과정에서 중요한 치료적 순간들을 많이 만나게 된다. 가족이 아닌 다른 중요한 대상이 내담자와의 이야기 가운데 발견되면, 그 대상을 그리라고 하는 것도 매우 도움이 된다. 그려진 그림을 보면서 그 상대에 대한 생각과 느낌, 상호 간에 주고받았던 말들과 느낌, 그 이면에 깔

린 암묵적인 생각들을 논의할 수 있고 다시
재고할 수 있다.

변형 1 | 그림을 그리고 나서 그려진 그 대상에
게 정말 하고 싶었던 말들을 해보라고 한다.
이 기법은 집단 상담일 경우 대역을 정해서
그 사람을 향해 말하도록 하면 좋다. 역할을
나누어 맡을 경우 원래 자신의 이야기를 하
는 내담자가 "이건 실제 상황이 아니잖아요"
라고 저항하면 일단 한번 해보자고 이끈다.
이렇게 미술 작업을 하다 보면, 의외로 내담
자가 몰두해서 강한 정서적 반응을 보일 때
가 종종 있다.

변형 2 | 아동들에게 사람을 그리라고 하면 어
렵게 생각할 때가 있다. 이럴 때는 잡지나 신
문 등의 얼굴 사진을 여러 장 준비하면 좋다.
사진을 주고 그 사람의 얼굴을 원하는 대로
바꾸어보라고 한다. 콧수염을 그려넣어도 좋
고 머리에 뿔을 달아도 좋고 눈썹을 더 진하
게 그리거나 입에 무엇을 물고 있는 모습도
좋다. 혹은 말풍선을 그려넣어서 말을 하는
것처럼 꾸며보아도 좋다. 이 작업에 흥미를 보

"우리 엄마예요. 맨날 똑같은 얘기만 해요."

"웃는 모습을 만들려고 했는데…… 이상해 보이죠?"

이면 여러 장의 사진을 준비했다가 아동의 가족과 닮게 바꾸어보는
작업으로 연장할 수 있다.

다시 그리기

중요한 주제, 중요한 작품이라면 다시 반복하는 것이 도움이 된다. 다시 그리기 주제는 변화를 알고자 할 때에도 도움이 되고, 못 다한 미해결 과제를 풀어갈 때에도 도움이 된다. 이것저것 다양하게 많이 한다고 좋은 것이 아니라, 자신에게 정말로 의미 있는 주제를 반복하는 것이 훨씬 치유에 도움이 된다.

아동의 경우라면 다시 그리자고 하지 않아도 자발적으로 반복해서 그리고 또 그린다. 무엇인가 끊임없이 새로운 것을 해야 하지 않을까 하는 것은 권태롭거나 심심해 하는 어른들의 시각일 뿐이다. 집중을 못하는 경우에는 새로운 것을 한다 하더라도 얼마 가지 않아 재미없어 한다.

다시 그리다 보면 달라진 점, 변화된 점도 더 잘 알 수 있다. 이미지라는 것은 신기해서 "다시 그리면 똑같을 텐데, 뭐"라고 해도 그림 그릴 때의 마음 상황이 달라지면 표현되는 것도 달라질 수밖에 없다.

친구 만들기

아픔과 상처를 이미지화하는 것은 치유의 좋은 출발이다. 그런데 상처에만 집중해서는 더 나아가질 못한다. 돕는 손길, 자기 안의 구원자가 필요하다. 친구가 바로 그러한 존재이다. 친구는 멀리 떨어진 완벽한 구원자라기보다는 가까이 있으면서 나와 유사한데 힘이 되어주는 존재이다. 미술 작업을 통해 시각적으로 이러한 친구 이미지를 만들어보자. 물론 구체적인 사람 형상이어도 좋고 다른 형태여도 좋다. 상징적이거나 추상적인 형태도 좋다. 사람이든 동물이든, 생물이든 사물이든, 혹은 실제적인 것이든 상상 속의 대상이든 '친구'라는 큰 틀에서 나와 소통하고 교유할 수 있는 대상을 만드는 것이다.

그리고 다음의 질문을 던져보자.

"나는 네가 가는 곳이면 어디든 함께하는 우정의 물고기야."

- 그 친구는 지금의 나에게 어떤 말을 해줄 것인가?
- 그 친구는 내가 겪는 일들에 대해 무엇이라 할 것인가?

마음에서 떠올리고 미술 작업으로 표현한 친구는 사실 다름 아닌 내담자 안에 있는 현명한 조언자이다. 동화 속에 나오는 백발이 성성한 노인이 중요한 열쇠를 주었다거나 어렴풋한 해결책을 제시해주는 것처럼, 이미지를 통해 만든 친구 역시 같은 역할을 할 수 있다. 어렵고 힘든 일을 겪으면서 마음에 상처를 받아 미술치료실에 들어선 내담자는 자기 스스로 무엇을 해결할 수 없을 것이라고 느낄 수 있다. 하지만, 그 사람 안에 일부분은 성숙한 목소리도 가지고 있다. 그 목소리가 구체적으로 나올 수 있게끔 해주는 작업이 '좋은 친구 만들기'이다.

관 계 속 의 나 10

공감해주기

변형 1 │ 자신이 만든 '친구'의 사진을 찍어 힘들고 지칠 때 꺼내보도록 하자.

이 방법은 집단 미술치료 시간에 사용할 수 있는 방법이다. 다른 사람의 그림을 받아서 그 그림에 '공감하는 무엇'을 더해주도록 한다. 그림 속에서 공감은 배경 색을 칠해주는 것으로 할 수도 있고, 어울리지만 조금 다른 무엇을 첨가하는 것으로 할 수도 있다. 혹은 보일 듯말 듯 잔잔하고 부드럽게 덧칠해주거나 울타리가 되어주는 것 등으로 가능하다.

공감해주기 기법은 타인의 마음을 느끼고 이해하려고 하는 연습이될 뿐 아니라, 자신의 마음을 표현하고 전달하는 데 있어서 다양한 경험을 할 수 있다. 어떤 사람은 자신의 마음도 잘 전달하고 상대방에게서 원하는 위로도 받는다. 또 다른 사람은 자신이 표현하고자 했던 것과 그림에서 보이는 느낌이 달라서 오해를 받는다. 그리고 표현하고

자 한 의도를 이해하고 공감을 전달했는데, 원래 그림을 그린 당사자는 그러한 공감이 마음에 들지 않을 수도 있다. 이러한 여러 가지 상호작용은 사회의 인간관계에서 우리가 경험하는 것을 고스란히 담고 있다.

예를 들어, 어떤 그림을 받은 사람이 그림을 그린 대상에게 공감한다는 의미로 잔잔한 배경을 그려주었는데, 원래 그림을 그렸던 사람은 오히려 그게 더 답답하다고 말했다고 하자. 이러한 짧은 에피소드는 바깥 사회에서 우리가 경험하는 것과 닮았다. 대인 관계에서 이런 일이 얼마나 빈번하게 일어나는가 말이다. 잘한다고 한 일이 상대에게 별 도움이 되지 않거나 오히려 더 거추장스럽게 되는 일도 있다. 공감해주기 기법은 그러한 인간관계 내의 주고받음을 좀 더 잘 이해하도록 도와주는 방법이다.

"제가 공감해주려고 그림을 보니까, 뭔가 이렇게 위로 쭉쭉 뻗은 느낌이 들더라고요. 꽃을 피우기 위해 열심히 올라온 풀 같은 느낌? 그래서 이렇게 꽃을 더해주고 싶었어요. 하트처럼 생긴 것은 꽃봉오리예요."

"전 이 그림을 받았을 때 벤치만 있는 모습이 왠지 좀 외로워 보였어요. 그래서 잘 그리진 못하지만, 벤치에 앉아 멀리 푸른 산을 보라고 산을 그려 넣어 주었어요."

과거를 정말 그렇게 기억하세요?

예전 일을 떠올릴 때 유독 사람에게서 받은 상처가 오래가는 경우가 있다. 일에서의 좌절이나 실패 경험보다 다른 사람에게서 들은 상처가 되는 말이 훨씬 더 깊고 길게 간다. 그때 그 사람의 표정, 말의 음색, 분위기 등, 기억하면 할수록 선명해지고 계속 반복해서 떠오를 것이다.

한 가지 생각해볼 점은 과거에 얽매인 사람일수록 자신의 기억력을 과신한다는 것이다. 이를 테면, '난 그 사람의 말을 토씨 하나 안 틀리고 정확하게 기억해'라거나 사소한 세부 특징을 무한히 기억하는 것을 토대로 자기 기억이 틀림없다고 믿는 것이다. 그래서 이 기법은 과거에 대한 집착이 강한 사람에게 도움이 될 수 있으며, 또한 집단 미술치료 시간에 사용할 수 있다.

이 기법은 2주에 걸쳐 진행된다. 첫 주는 집단 내에서 상호작용을 극대화하는 회기를 진행한다. 각자 자신을 상징하는 그림을 그리되 그다음 사람이 받아서 배경을 그린다든가 선물이나 괴롭히는 대상 등을 그리도록 한다(관계 속의 나 1번 기법 참조). 완성이 되면 원래 그림 소유주에게 돌려주고 선물과 스트레스를 지목하도록 한다. 그다음 각각의 그림을 두고 그 그림에 기여한 사람들의 의도와 느낌을 함께 나누고 이러한 작업이 가지는 의미를 생각해보는 시간을 가진다.

한 주가 지나서 그다음 주가 되면 다음과 같은 주제를 준다.

"지난주에 했던 작품이 기억나시나요? 오늘은 지난주 작품을 다시 한 번 그리겠습니다. 지난주에는 다른 사람들이 내 그림에 무엇인가를 그려주었지만 오늘은 혼자서 다 하셔야 합니다. 새롭게 뭔가를 더하거나 빼지 마시고요, 가능한 한 지난주 그림과 똑같이 그려보세요."

아마 독자들은 눈치를 챘겠지만, 똑같이 그리는 사람은 아무도 없다. 약간씩 달라지기 마련이다. 그래서 이러한 기법을 하면서 우리가 다시금 생각해볼 점은, 비록 일주일 전의 생생했던 일조차도 기억 속에서 조금씩 바뀌고 과장된다는 사실이다. 과거의 일에 굳이 그렇게까지 매달려 있어야 하는지 한번쯤은 생각해볼 일이다.

집단 미술치료의 좋은 점과 힘든 점

집단의 좋은 점을 전해주는 말은 속담에도 많다. "백짓장도 맞들면 낫다"거나 영어의 "Two heads are better than one"과 같은 말이 바로 그것이다. 집단 내에서 개별 작업과 공동 작업이 모두 가능할 뿐 아니라 치료사 외에 다른 집단원과 경험과 감상을 나눌 수 있어서 더 풍부하고 다양해질 수 있다.
반면에 집단 미술치료의 어려운 점은 다음과 같다.

첫째, 사람들마다 미술 실기 능력이 다르다. 못 그리는 사람이 본의 아니게 주눅이 들 수도 있다. 그리고 집단원들이 잘 그리는 사람에게 환호하고 부러워하는데 이러한 것은 어떤 치료적 의미가 있을까.

둘째, 그림에 몰두하는 시간이 서로 다르다. 그러면 일찍 끝마친 사람들이 계속 기다려야 하는가. 그리고 주어진 시간 내에 미술 작업을 마치지 못한 사람이 계속하기를 원할 때 어떻게 해야 하는가.

셋째, 사람들이 미술 작업을 할 때 미술치료사는 무엇을 해야 할까. 그저 관찰만 해야 하는가, 아니면 적극적으로 도움을 주어도 되는가. 만약 집단원에게서 도와달라는 요청이 있으면 대부분 도와주게 될 것이다. 그런데 유독 한 사람만 계속해서 도와달라고 요청한다면 이것은 어떻게 해야 하는가.

상황이 다양하기 때문에 일반화해서 답을 하기는 어렵다. 기본적인 것은 집단의 작업이라는 것을 기억하고 공공의 이익과 더불어 각자가 가지고 돌아갈 수 있는 점이 있어야 한다는 전제를 두도록 한다. 미술 작업을 하게 되므로 집단 과정이 좀 더 복잡해진 면이 있지만, 또 다른 시각으로 보면 치료 과정의 주체가 치료사뿐 아니라 미술 작업도 있는 것이므로 복합적인 힘이 될 수 있다.

첫 번째 질문에 대한 답 치료사가 실기 능력 차이에 대해서 초점을 맞추는 게 아니라면 문제는 조금 더 쉬워진다. 그림을 잘 그리지만 마음을 드러내지 못하는 사람도 있고, 그림은 못 그려도 마음을 표현하는 사람이 있다. 그러한 차이에 대해 느끼는 그대로를 이야기할 수 있는 열린 분위기가 되도록 해야 한다. 만약 대상이 어린 아동이어서 무조건 잘 그리는 것만 부러워한다면, 여러 회기에 걸쳐 다양한 미술 작업들을 시도하면서 그림을 잘 그리는 사람도 있고 조각 붙이기 작업을 잘하는 사람도 있고 찰흙을 잘 만지는 사람도 있는 등 다양한 장기가 존재한다는 것을 느낄 수 있도록 돕는다.

두 번째 질문에 대한 답 그림 작업 시간은 사람마다 차이가 날 수밖에 없다. 그러므로 이 문제는 치료사가 정할 것이 아니라 집단원에게 묻는 것이 좋다. 사람에 따라서는 작업을 끝내고 다른 사람들의 작업을 관찰하는 것으로 심리적인 위안을 받는 사람도 있다. 혹은 자기가 원하는 작업이 따로 있어서 주어진 것을 빨리하는 경우도 있다. 다양한 욕구와 요구가 있으므로 일찍 끝낸 집단원에게 작업이 어땠는지, 그리고 시간이 좀 더 있는데 어떻게 할 것인지 의견을 묻고 그대로 하도록 해준다. 주어진 시간 내에 마치지 못한 경우도 마찬가지로 집단원에게 의견을 묻는 것이 좋다.

세 번째 질문에 대한 답 이것은 미술치료사의 작업 방식에 따라 달라지는 것 같다. 대부분의 미술치료사들은 자신이 집단원들의 작업에 방해되지 않게끔 배려하며 돕는다. 적극적으로 도움을 주는 미술치료사보다는 요청이 있을 때 도와주는 사람들이 더 많다. 하지만, 집단원들이 어리거나 혹은 집중을 잘 못한다면 더 적극적으로 도와주어야 한다. 만약 한 사람만 계속 도움을 요청한다면 왜 그러한지를 살펴야 한다. 나이가 어리거나 기능이 미숙하다면 가능한 한 도와주되 가끔 집단원들에게도 어떻게 생각하는지 의견을 묻도록 한다. 아동 집단이라면 보조 치료사가 함께 있으므로 그 사람에게 도움을 받을 수 있다. 만약 치료사를 좌지우지하려는 심리적 욕구에서 비롯된 끝없는 요구라면 그 사람의 요구를 들어주되 어떤 부분은 집단원이 완성할 수 있게끔 여지를 두도록 한다. 그리고 혼자 계속 요구하는 것에 대해 과연 그렇게 하는 것이 자신에게 도움이 되는지, 자신이 진정으로 원하는 것인지를 돌아볼 수 있게끔 말을 해주어야 한다.

09

새로운 결합을 통한
다양한 시도

상담을 마칠 때 즈음 내게 라틴음악 CD를 선물한 내담자가 있었다. 처음에 라틴음악 속 기타 소리는
좀 낯설었다. 그런데 상담이 끝나고 1년 정도의 시간이 흐른 어느 여름, 내 마음이 몹시 힘들고 아팠었
다. 그때 그 CD를 한 달 내내 계속 들었다. 불현듯 들었던 애잔한 기타의 선율이 마음에 더없이 위로가
되었기 때문이다. 아직도 가끔씩 그 내담자를 생각한다. 그리고 그 사람이 건강하게 잘 지내기를 마음
으로 빈다.

내가 만약에

옛날이야기와 신화, 동화, 우화에는 사람들이 공통적으로 겪고 생각하고 느끼는 이야기들이 녹아 있다. 동화 속에 나타나는 이미지는 미술치료 시간에 내담자가 마음을 표현하도록 이끌어주는 훌륭한 도구가 된다.

방법 | 동화의 소재를 선택할 수 있게 제시해주고 그중에서 다섯 개 이상을 포함해서 그림을 구성해보라고 한다. 그려진 대상 중 내가 만약에 이것이라면 하고 느껴지는 대상을 중심으로 이야기를 꾸며보도록 한다.

소재의 예
왕, 왕비, 공주, 왕자, 마녀, 까마귀, 마법의 호리병, 파랑새, 두꺼비, 바위, 비밀의 문, 샘물, 하늘을 나는 양탄자, 백마, 오래된 나무, 숲의 정령, 이야기하는 거울, 마술피리, 이야기하는 돌, 불 뿜는 용 등

"오래된 나무와 이야기하는 돌이 있는 숲이에요. 모든 것이 마법에 걸려 있어서 공주와 왕자는 곰으로 바뀌었어요. 파랑새도 분홍 새로 바뀌었고요. 오래된 나무의 상처를 풀어야 원래대로 회복할 수 있어요."

꿈 그리기

내담자가 꾼 꿈을 그려보게 한다. 중요한 꿈일 경우에는 몇 번 반복
해서 그려도 좋다. 그릴 때마다 이미지가 약간씩 바뀌게 되는데, 실제
꿈꿀 때 내담자가 느꼈던 이미지와 그리고 난 후에 느껴지는 이미지
의 차이를 이야기하는 것은 매우 중요하다.

시를 읽은 느낌 표현하기

이 시도를 할 때 사용하는 시詩는 잘 알려진 시도 좋지만, 그 점에
얽매일 필요는 없다. 아니면 내담자에게 시를 써보도록 하는 것도 좋
은 제안이다.

내가 미술치료에 가끔 사용하는 시는 윤동주의 「서시」와 김춘수의
「꽃」, 그리고 작자 미상의 어느 시이다. 익숙한 시이기 때문에 별다른
감상이 없을 것 같지만, 내담자들에게서 "사실 그 시에 얽힌 사연이
있어요"라는 반응을 듣는 경우가 종종 있다.

서시

윤동주

죽는 날까지 하늘을 우러러
한 점 부끄럼이 없기를,
잎새에 이는 바람에도
나는 괴로워했다.
별을 노래하는 마음으로
모든 죽어가는 것을 사랑해야지
그리고 나한테 주어진 길을
걸어가야겠다.

오늘 밤에도 별이 바람에 스치운다.

"제가 가는 길은요, 아주 좁은 길인 것 같아요. 깜깜한 곳을 걸어가는데 제가 가는 곳만 간신히 볼 수 있을 정도로 밝은 거예요. 멀리는 보이지 않죠. 그저 지금 제가 있는 주위만 보이는 정도로. 이 길은 좁고, 길고, 길 양쪽은 낭떠러지 같아요."

꽃

김춘수

내가 그의 이름을 불러 주기 전에는
그는 다만
하나의 몸짓에 지나지 않았다.

내가 그의 이름을 불러 주었을 때
그는 나에게로 와서
꽃이 되었다.

내가 그의 이름을 불러 준 것처럼
나의 이 빛깔과 향기香氣에 알맞은
누가 나의 이름을 불러다오.
그에게로 가서 나도
그의 꽃이 되고 싶다.

우리들은 모두
무엇이 되고 싶다.
나는 너에게 너는 나에게
잊혀지지 않는 하나의 눈짓이 되고 싶다.

다섯 연으로 된 짧은 자서전

작자 미상

1.

난 길을 걷고 있었다.

길 한가운데 깊은 구멍이 있었다.

난 그곳에 빠졌다.

난 어떻게 할 수가 없었다.

그건 내 잘못이 아니었다.

그 구멍에서 빠져 나오는 데

오랜 시간이 걸렸다.

2.

난 길을 걷고 있었다.

길 한가운데 깊은 구멍이 있었다.

난 그걸 못 본 체했다.

난 다시 그곳에 빠졌다.

똑같은 장소에 또다시 빠진 것이 믿어지지 않았다.

하지만 그건 내 잘못이 아니었다.

그곳에서 빠져나오는 데

또다시 오랜 시간이 걸렸다.

3.

난 길을 걷고 있었다.

길 한가운데 깊은 구멍이 있었다.

난 미리 알아차렸지만 또다시 그곳에 빠졌다.

그건 이제 하나의 습관이 되었다.

난 비로소 눈을 떴다.

난 내가 어디 있는가를 알았다.

그건 내 잘못이었다.

난 얼른 그곳에서 나왔다.

4.

내가 길을 걷고 있는데

길 한가운데 깊은 구멍이 있었다.

난 그 둘레로 돌아서 지나갔다.

5.

난 이제 다른 길로 가고 있다.

음악을 그림으로 표현하기

음악을 들으면서 느껴지는 바를 표현하도록 한다.

음악은 사람의 마음을 움직이는 훌륭한 자극제이다. 사용하는 음악은 처음에는 치료사가 준비하고 이후에는 내담자가 고르거나 준비해오도록 해도 좋다. 처음부터 내담자에게 어떠한 음악을 듣고 싶은지 선택하게 해도 된다. 사용할 음악은 클래식이든 가요든 상관없지만, 단지 어떠한 의미에서든 치료사는 내담자가 호소하는 문제 혹은 내담자의 상태와 치료실에서 듣고 있는 음악 사이의 연결 끈을 발견할 수 있어야 한다.

방법 | 한 회기 내에 한 곡을 반복해서 여러 번 들으면서 작업해도 좋다. 처음에 한 번 감상하고 난 뒤, 내담자와 느낌에 대해서 이야기하고 내담자가 작업할 때 계속해서 들을 수 있도록 반복해서 재생하면 된다.

글을 읽고 나에게 적용하기

치료사들은 자신을 위해서라도 좋은 글들을 많이 읽어야 한다. 그리고 위안을 얻을 수 있는 글, 생각할 거리를 던져주는 글, 감탄을 자아내는 글을 내담자에게도 권해주는 것이 좋다. 때로 짧은 글을 사용해서 내담자가 자신을 돌아보게끔 하는 재료로 쓸 수 있다.

방법 | 글을 제시하고 글 속의 단어들을 바꾸어서 자신의 이야기로 만들어보도록 한다.

(파리는) 인간들에게 가장 싫구려 몸을 가진 생명체로 취급되고 있는 곤충. 하나님으로부터 장티푸스, 콜레라, 아메바, 이질 등의 전염병 병원체를 인간들에게 공급하는 임무를 부여 받은 곤충 …(중략)… 파리는 비행하는 시간과 음식을 탐닉하는 시간과 명상하는 시간을 빼고 나면 오직 기구의 시간만이 존재한다. 끊임없이 두 손을 맞비비며 자신이 하나님으로부터 부여 받은 임무에 대해 인간들의 오해가 없기를 간절히 비는 것이 생활의 전부로 되어 있다. 그러나 대부분의 인간들은 아직 원수도 사랑할 수 없으며 파리도 사랑할 수 없는 수준에 머물러 있을 뿐이다. 파리는 부패의 전령이다. 이 세상 만물들은 반드시 부패하고 거기에서 파리는 태어난다. 이 세상 만물들이 아무 것도 썩지 않으면 하나님은 파리를 만들어 내지 않았을 것이다. 파리는 부패를 촉진하고 부패는 또 다른 생명의 탄생을 촉진한다. 인간에게 불필요한 존재가 지구에게도 불필요한 존재는 아니다.

"'파리'를 '나'로 바꾼 글이에요."

앞에 사용된 글은 이외수의 『감성사전』(동숭동, 2006년) 가운데 '파리'에 대한 것이다.

이러한 글을 주고 읽은 뒤의 느낌에 대해서 표현해도 되고, '파리' 대신 '나'를 넣어서 자신의 이야기로 바꾸어보도록 한다.

변화는 조금씩 생겨요

미술치료를 하다 보면 꼭 듣게 되는 말이 있다.

"전 달라진 게 없어요."
"전 좋아지지 않는 것 같아요."

미술치료를 받으러 처음 왔을 때에 비해 확연히 좋아진 내담자의 입에서도 이 말은 꼭 나온다. 아마도 자신이 바라는 '변화된 완벽한 자기 모습'에 비추어서 판단하기 때문일 것이라 생각하지만, 그래도 달라진 게 없다는 내담자의 말은 치료사에게나 내담자 모두에게 실망스럽다. 어쩌면 매일의 일상을 살면서 달라진 자기 자신을 발견하는 것이 더 어렵지 않을까 싶기는 하다. 하긴, 나이 드는 것도 마찬가지이다. 나이 들어가는 것을 인지하지 못하다가 옛 사진을 보고 깜짝 놀라게 되곤 하지 않는가.

내가 어느 정도 좋아진 것일까? 확인하고 싶은 욕구가 생길 때에는 이 기법을 사용해보길 권한다. 이제까지 작업했던 작품들을 한눈에 바라보며 되돌아보는 시간을 가지는 것이다. 미술치료 시간에 작업했던 작품들은 마치 그때그때의 마음에서 중요한 순간들을 스냅사진으로 찍어둔 마음 사진과도 같다. 그래서 작품들을 나란히 세워서 보게 되면 무엇이 어떻게 달라졌는지 시각적으로 선명하게 보인다.

좋아지지 않는 것 같다며 힘들어 하는 내담자에게 이렇게 권할 수 있다.

"미술치료도 받고 열심히 노력했는데 좋아지지 않는다면 많이 힘들고 허탈할 것 같아요. 음, 그러면 오늘은 다른 그림 작업을 할 게 아니라 이렇게 해보기로 해요. 이제까지 했던 작업을 되돌아보는 감상 시간을 가져 봐요. 제일 처음 하셨던 작품부터 꺼내볼게요."

그러곤 처음 했던 작품부터 이제까지 작업한 작품들을 정렬하는 것이다. 모든 작품을 한꺼번에 나열하기 어려울 테니 주된 변화를 보이는 작품 몇몇을 선정해서 비교해보도록 한다. 아니면 치료를 시작했을 때 했던 작품과 최근에 만든 작품 두 개만 비교해도 좋다. 아마도 치료사에게나 내담자 모두에게 다시금 마음에 힘을 얻고 용기백배하는 시간이 될 것이다.

방법 1 | 이제까지 내담자가 만든 작품들을 만든 순서대로 정렬한다. 벽면 하나를 통째로 사용해서 그림들을 그려진 순서대로 붙여놓거나 혹은 테이블 위에 펼쳐놓거나 작품을 올려둔다.

방법 2 | 동일하거나 유사한 주제를 어느 정도 시간 간격을 두고 제시하면서 일정량의 미술작품이 모이게 되면 한 회기는 그림들을 한꺼번에 펼쳐놓고 변화상을 살피는 데 사용한다.

방법 3 | 제일 처음 작품과 가장 마지막 작품 두 가지만 비교한다. 처음 문제를 호소하면서 만들었던 작품에 나타난 이미지와 주제가 마지막 작품에서는 어떻게 변화했는지 살핀다.

방법 4 | 처음 작품과 회기 동안 중요한 국면이라 판단되는 시기의 작품을 2~3개 선정해서 비교한다. 작품에서의 변화를 보면서 각 작품을 만들었을 때 논의되었던 문제들과 해결하고자 하는 노력들을 전체적으로 종합하여 정리하고, 실제 생활에서의 변화와 연결 지어 이야기하도록 한다.

다 양 한   시 도   7

가면 만들기

재료에 따라 다양한 방식으로 가면을 만들 수 있다. 미술치료에서 많이 사용되는 방법은 석고붕대로 가면을 만드는 것이다.

방법 1 | 가면을 만들 때는 석고붕대를 사용하는 것이 가장 보편적이다. 석고붕대는 약국이나 의료상에서 구입할 수 있는데, 거즈처럼 생겼다. 조금 가는 직사각형 형태로 잘라서 물을 칠한 뒤 얼굴에 하나씩 붙이면 된다. 여러 개를 겹쳐 붙여서 어느 정도 두께의 가면이 만

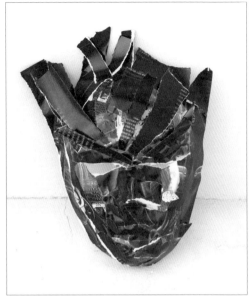

"기분 묘하네요, 내 얼굴을 본뜬 가면인데, 다른 사람 같아요." "뭔가 내 속에 있는 악한 모습을 표현하고 싶었어요."

들어지면, 마르기를 기다렸다가 떼어낸다. 떼어낼 때 얼굴에 손상이
없도록 시작하기 전에 얼굴에 마사지 크림을 바르거나, 여성의 경우
화장을 지우지 않은 상태에서 하도록 한다. 떼어낸 가면 위에 색을 칠
하거나 여러 가지 장식들을 덧붙이면 된다. 깃털이나 색지, 한지, 색
끈, 반짝이 재료 등은 가면 장식에 자주 사용되는 재료들이다.

방법 2 │ 미리 만들어져 있는 석고 혹은 플라스틱 가면을 사용할 수도
있다. 가면이 흰색이므로 그 위에 색깔을 칠하거나 여러 가지 장식 재
료들을 붙여서 자기만의 가면으로 만든다.

방법 3 │ 눈 주위를 가리는 가면이나 동물 모양의 부분 가면도 만들 수
있다.

방법 4 │ 종이 가면을 만들 경우에는 신문지를 사용한다. 먼저 신문지

석고 가면을 만들 때 사용하는 석고붕대를 조금 가는 직사각형으로 잘라 놓는다.

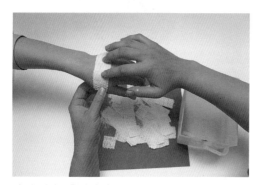

석고붕대에 물을 묻혀 피부에 붙인다.

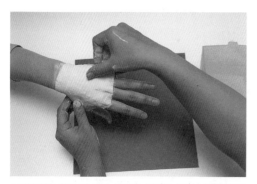

석고붕대를 여러 겹 붙여 두께가 생기면 석고가 굳을 때까지 기다린다.

를 물에 충분히 불린 후 얼굴에 직접 붙이지 않고 바가지를 엎어서 그 위에 붙이거나 풍선 위에 붙여도 좋다. 붙일 때는 밀가루 풀을 묻혀서 사용한다. 밀가루 풀은 지물포에 가면 구입할 수 있다.

가면 만들기가 끝나면, 그다음 시간에 가면을 쓰고 이야기해본다. 가면을 쓰고 이야기하고 또 벗고 이야기해본다. 그래서 썼을 때와 쓰지 않았을 때 이야기하는 방식의 차이를 살펴보고 함께 이야기한다. 또, 집단이라면 가면을 쓰고 역할극을 할 수 있다.

풍선으로 알 만들기

　이번 기법은 풍선과 석고붕대를 사용해서 알을 만드는 것이다. 알은 여러 가지 의미에서 새로운 탄생과 시작을 상징한다. '알을 깨고 나온다'라는 말은 아동뿐 아니라 성인에게도 적용할 수 있는 표현이다.

　먼저 원하는 크기로 풍선을 불어서 묶는다.

　그런 뒤 풍선 위에 석고붕대를 붙인다. 석고붕대는 잘라서 조각으로 사용할 것이므로 석고붕대의 사이즈는 크든 작든 상관이 없다. 종이컵이나 그릇에 미지근한 물을 담아두고 석고붕대 조각을 살짝 집어넣었다가 빼면서 비비면 붕대가 골고루 잘 펴진다. 그런 다음 풍선 위

풍선 위에 석고붕대를 붙여
보자.

에 한 겹씩 바르면 된다.

알을 두껍게 만들고 싶은 경우에는 석고붕대를 6~7겹으로 붙이면 된다. 얇게 하고 싶은 경우 최소 2~3겹으로만 붙이면 형태를 유지할 수 있다. 풍선이 미끌미끌해서 석고붕대가 조금 밀리는 느낌이 있지만 그래도 그럭저럭 붙일 수 있을 것이다. 석고붕대 조각에서 물이 흐를 수 있으므로 작업하는 아래쪽에 신문지나 비닐 등을 깔아 젖지 않게 준비해두자.

풍선을 너무 크게 불면 작업하는 데 시간이 오래 걸릴 수 있다. 석고붕대가 마르고 나면 원하는 모양으로 자르거나 장식할 수 있다.

변형 1 | 다른 방법으로는 털실에 풀을 묻혀 풍선을 감아주는 것이다. 털실의 풀이 굳은 뒤에 풍선을 떼어내면 털실로 된 알 모양만 남는다.

다 양 한 시 도 9
움직임을 그림으로 표현하기

이 방법은 먼저 신체적인 움직임을 통해 자신이 표현하고자 하는 것을 한 뒤, 그때의 동작이나 느낌을 그림으로 옮기는 것이다. 우리 신체는 마음과 긴밀하게 연결되어 있기 때문에, 신체적인 움직임을 선행하게 되면 좀 더 유연하게 마음을 표현할 수 있다.

어떤 움직임이라야 할까 막연하다면 먼저 자세를 잡는 것으로 시작

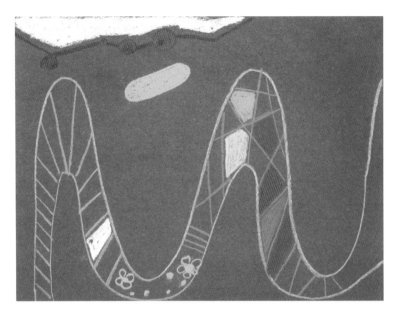

"부드럽게 움직이고 싶었지
만, 그렇지 않네요. 잘 보면
마디가 뭉쳐 있거나 뚝뚝 끊
어진 것 같아요."

해보자. 웅크렸을 때와 활짝 뻗었을 때의 느낌이 다른 것처럼, 마음의
느낌을 보여주는 자세를 취해본다. 서 있을 것인지, 앉을 것인지, 쭈그
려 있을 것인지, 혹은 엎드리거나 무릎 꿇거나 누워 있을 것인지 생각
하고 자세를 직접 취해서 느낌을 확인한다.

익숙해지면 이 자세에서 저 자세로 바꾸어보고 움직임 자체를 느껴
보도록 한다.

움직임을 그림으로 표현할 때는 특정 자세를 취한 '사람의 모습'을
그리려고 하지 말고, 특정 자세에서 느껴지는 느낌이나 움직일 때의
속도, 느낌, 방향을 획으로 그어보도록 한다. 대체로 파스텔이나 물감
이 이러한 표현을 하는 데 유리한 재료이다.

기억해야 할 점
· 강약과 속도감, 방향과
반복 등의 요소를 적극 활
용해보자.
· 한 장 안에 모든 것을 넣
지 않아도 된다.
· 여러 장에 걸쳐서 획을
긋거나, 두루마리 종이를 넓
게 펼쳐놓고 그려도 좋다.

그림일기

"오늘 내가 느낀 마음을 콕 집어서 말할 수는 없지만, 만약 그림으로 그린다면 이렇게 될 것 같다."

그림일기를 마지막으로 그려본 것이 언제인가? 대개는 초등학교 때 숙제나 방학 과제물 정도였을 것이다. 그런데 그림일기는 성인에게 마음을 표현하는 놀라운 도구가 될 수 있다. 글로 무엇인가를 쓸 때에는 머리를 사용하게 되므로 본인이 의도하지 않더라도 의식적인 검열이나 제재를 거치게 된다. 하지만 그림은 언어가 나오는 통로와는 다른 경로를 거쳐 생성되므로 훨씬 더 자유로울 수 있다.

그림일기 하단이나 옆면은 대개 글을 쓰는 칸이다. 글을 쓰는 칸에 색깔로만 그날의 감정을 기록해보자. 칸이 네 줄이라면, 자신의 감정을 보여주는 네 개의 색깔로 채워보자.

변형 1 | 그림을 먼저 그리고, 아래쪽에는 즉석에서 시를 써보자. 떠오르는 대로, 걱정하지 말고 시를 써보자. 시와 그림, 이 둘은 참 잘 어울리는 한 쌍이다.

변형 2 | 그림을 그리고 디지털 사진으로 찍은 뒤 개인 블로그나 SNS에 올려서 다른 사람들과 느낌을 나눈다.

호흡 그리기

숨을 마시고 내뱉는 행위는 사람이 태어나서 죽을 때까지 하는 것이라 별 다른 관심을 기울이지 않았는지도 모르겠다. 그러다가 긴장이 되거나 답답한 마음이 들 때, 숨을 크게 들이마시고 길게 내쉬어본 경험이 있을 것이다. 그때 긴장을 풀어주고 답답한 마음을 가볍게 해주는 것은 다름 아닌 호흡 활동이다.

자신의 숨이 어떠한지, 들이마실 때와 내쉴 때 어떤 길이와 속도, 강약을 가지고 있는지 살펴보는 것은 마음을 살피는 좋은 방법이다. 특히 불안감이 높은 경우라거나 긴장되는 일 때문에 마음이 심란하다면 이 방법이 도움이 된다.

종이와 파스텔로 시작해볼 것을 추천한다.

종이는 적당히 커야 하므로 4절 도화지로 시작해보고, 혹시 더 큰 종이가 필요하다면 이어서 붙이거나 아니면 2절지나 전지를 사용할 수 있다.

먼저 편안하게 앉은 자세로 자신의 숨쉬기를 관찰한다. 들이쉬는 것과 내쉬는 것을 몇 번 반복하면서 관찰한다. 그런 다음 들숨을 선으로 긋는다면 어떤 선이 될지 그어보도록 한다.

그림을 다 그렸다면 이제 들숨 그림과 날숨 그림을 비교해보자. 굵기는 어떤지, 길이는 어떤지, 그리고 둘의 조합은 어떤지 살펴보자.

그다음 자신에게서 내보내고 싶은 것을 날숨에 얹어서, 받아들이고

"저에겐 희망과 따스함이 필요해요. 전 희망과 따스함을 분홍색 숨이라고 부르고 싶어요. 그리고 스스로에게 끝없이 실망하는 것은 청보라색 숨이라고 하겠어요. 그래서 여기 이 그림처럼 분홍색을 받아들이고, 청보라색 숨을 내뱉으려고요."

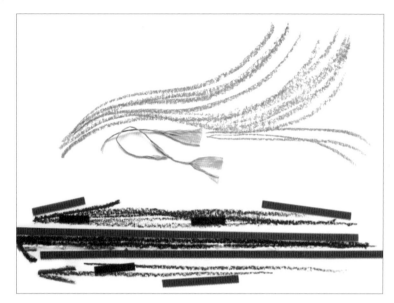

싶은 것을 들숨에 얹어서 그린다. 이때 구체적인 사물이나 대상물을 그리지 않아도 된다. 그보다는 색깔이나 선만으로 상징화해서 그리는 것이 쉬울 것이다.

그림 확장해서 그리기

그림 확장해서 그리기는 다른 데서 가져온 이미지를 붙이고 그것을 활용해서 좀 더 큰 그림으로 완성하는 방법이다. 그림 이미지는 동화책에서 일부분을 복사해서 가져오거나 인터넷으로 검색해서 찾을 수도 있다. 찾은 이미지는 흑백으로 출력한다.

출력한 종이를 전부 사용하거나 아니면 일부분만 오린다. 그리고 이것보다 큰 도화지에 그림을 붙인다. 그런 다음 색을 칠하거나 새로운 형태와 이미지를 더해서 하나의 완성된 그림으로 만든다.

이 기법은 처음 시작하는 것이 어려운 사람들에게 유용하게 사용될 수 있다. 자신이 주도해서 어떤 이미지를 만드는 것은 어렵지만, 기존의 이미지 중 자신이 공감하거나 동일시할 수 있는 내용을 선택하고 그 내용을 기반으로 그림을 확대하는 것은 상대적으로 쉬우면서 표현을 풍부하게 할 수 있다는 장점이 있다.

"전 빨강머리 앤의 이미지를 찾았어요. 그리고 앤이 보고 있는 풍경을 그려주었어요. 희망을 상징하는 무지개를 크게 그려주고 싶었어요."

10

미술치료 놀이 시간

어렸을 적에 우리 가족은 13평 규모의 국민주택에 살았다. 똑같이 생긴 집들이 골목마다 있는 동네였다. 그 집에는 나무로 된 마루와 조그마한 마당이 있었다. 어느 더운 여름날이었던 것 같다. 아버지는 그날 오빠와 나를 데리고 마루에 온통 비눗물을 끼얹어서 미끄럼을 탈 수 있게 해주셨다. 온몸에 비누칠을 하고 마루 이쪽 끝에서 저쪽 끝까지 배로 미끄러져 다니며 신나게 놀았다.

대여섯 살 적 일이어서 놀고 난 다음에 마루 청소는 누가 했는지, 그런 놀라운 놀이를 누가 생각해냈는지 세세한 기억들은 없다. 다만 잘 미끄러지던 마룻바닥과, 오빠와 나에게 비누칠을 해주고 마루 위로 밀어주던 아버지가 생각난다.

미술치료사와 레크리에이션 지도사의 차이점

미술치료의 기법들이 가볍고 재미있다면 도대체 미술치료사와 레크리에이션 지도사와의 차이점은 무엇일까?

미술치료사는 내담자가 고통을 이야기할 때 당황하거나 회피하거나 묻어두려고 하지 않는다는 점이다. 내담자가 아픔을 이야기하고자 할 때 이야기할 수 있도록 심리적 공간을 지지해준다는 점이 레크리에이션 지도사와 다른 점이다. 레크리에이션을 하는 시간은 고통을 이야기하지 않는다. 심신이 휴식을 취할 수 있도록 유쾌하고 행복한 시간으로 이끌어주어야 한다. 미술치료 시간도 이러한 면에서는 비슷하다. 상한 심신이 회복할 수 있도록 유쾌하고 즐거운 시간, 행복한 시간으로 분위기를 조성하고 미술 작업을 유도한다. 그러나 미술치료사는 내담자가 문제 보따리를 열고자 할 때 그 개방을 지지하고 함께 문제를 이해하기 위해 노력한다는 점이 다르다.

어려움을 겪고 있는 사람들이 즐겁고 재미난 기법을 하고 있다고 해서 자신의 어려움에 대해 이야기를 하지 않는가? 그렇지 않다. 재미있는 기법을 통해서 아름다운 작품을 만들었다고 해서 내담자가 자기 속마음을 감추려고만 하겠는가? 그렇지 않다. 도리어 자기 마음, 자기 가족에 얽힌 이야기들을 풀어놓을 때가 더 많다. "선생님, 사실은요" 하면서 시작하는 그들의 이야기를 더 자주 마주치게 된다. 왜냐하면 가볍고 재미있다는 것은 긴장을 풀어주어서 소위 말하는 방어의 벽을 낮추는 효과가 있기 때문이다.

만약 이들이 문제를 이야기하지 않는다면, 그것은 아직 자기 내부에서 이야기할 준비가 되어 있지 않기 때문이다. 혹은 때로 어려운 이야기를 언뜻 내비쳤는데, 미술치료사가 잘 받아주지 않아서 이야기를 거두어들였을 수도 있다.

전자의 경우라면 레크리에이션 같은 미술치료는 더할 나위 없이 적합한 기법들이다. 후자의 경우라면 역시 레크리에이션 같은 미술치료 기법이 적합하긴 하지만, 다만 미술치료사가 고통에 대해 이야기할 수 있도록 언제라도 분위기를 진지하게 잡아줄 준비가 되어 있어야 한다.

미술치료사가 만나는 사람이 겪는 심리적 문제가 무거울수록 미술치료 과정에서 필수적으로 고통의 경험들을 이야기하고 아픔을 펼쳐놓게 된다. 바로 그때 미술치료사의 역할이 다른 직업인과 두드러진 차이를 보이게 된다.

미술치료가 기법적으로 레크리에이션 같은 요소를 지니고 있다 하더라도 내담자의 자기 개방과 감정 토로, 문제 직면 과정에서 치료적으로 개입하고 지지한다는 점이 치료의 백미이다.

미술치료 시간에 그림 그리는 것을 좋아하지 않는 내담자에게 매번 주제를 던져주고 그리라고만 한다면, 이 사람이 어떻게 몰두할 수 있겠는가? 그럴 때는 특정 기법이나 주제에 얽매이지 말고 그 내담자가 즐거워하면서 몰두할 수 있는 재미있는 기법들을 찾아야 한다. 여기서 소개하는 것들은 모두 가볍게 즐길 수 있는 미술치료 기법들이다.

종이 접기

종이 접기는 따라하기에 너무 어렵지 않다면 연령층에 상관없이 환영받는 미술치료 기법이다. 여기에 소개하는 방법은 누구나 따라할 수 있는 하트 모양 접기이다.

다 접은 하트는 뒤쪽을 풀칠하여 책갈피로도 사용할 수 있다. 하트를 네 개 접어서 서로 끼우면 네 잎 클로버가 된다. 종이 접기와 같은 기법은 그림으로 표현하고 이야기하는 심리치료적 접근과 다소 거리가 멀어보일지는 모르지만, 아픈 마음을 달래고 이야기할 수 있는 장

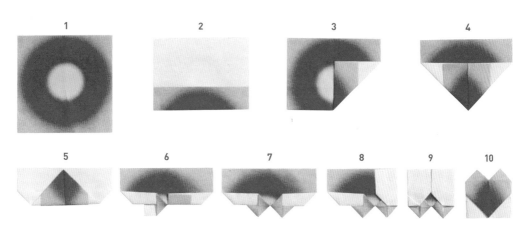

1_ 먼저 절반을 접는다.   2_ 중심선에 맞춰서 다시 아래쪽 절반을 접는다.   3_ 뒤집어서 세로로 절반이 되는 중심선을 만들고 그 중앙선에 맞춰 삼각형 모양이 되도록 접는다.   4_ 양쪽 끝을 접는다.   5_ 다시 뒤집어서 삼각형 부분이 위쪽 끝과 맞물리도록 절반을 접는다.   6_ 뒤집어서 아랫부분에 겹친 부분을 펴서 누르면 삼각형 형태가 나온다.   7_ 삼각형을 접고 남은 부분도 삼각형으로 접고, 오른쪽 부분도 똑같이 만든다.   8_ 길게 나온 부분을 중심선에 맞춰 접는다.   9_ 나머지 한쪽도 마저 접는다.   10_ 뒤집으면 완성

을 열어준다는 점에서 훌륭하게 사용될 수 있다. 실제로 해보면 병원의 환자들이나 내담자들이 즐거워하는 모습을 보게 될 것이다.

만다라 장식틀

미술치료에서 사용하는 만다라는 원형의 그림으로 상하좌우 대칭적인 형태가 많다. 원형 틀을 사용해서 그림을 그리거나 색을 칠하면 심리적 안정과 함께 집중력을 높일 수 있다. 만다라 장식틀은 만드는 과정이 어렵지 않으므로 정신과 환자를 비롯해서 다양한 내담자에게 적용할 수 있다.

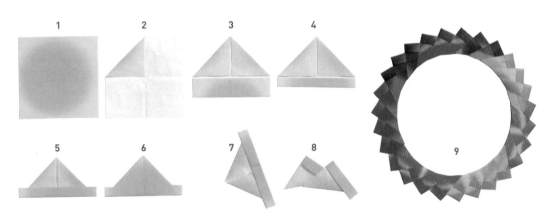

1_ 정사각형 색지를 절반 접는다.   2_ 윗부분의 좌우를 각기 삼각형으로 접는다.   3_ 아래쪽은 중심선에서 1~2mm 정도 떨어지게끔 절반으로 접는다.   4_ 다시 절반을 접는다.   5_ 위쪽 삼각형 부분과 겹쳐지게 접는다.   6_ 뒤집어서 삼각형의 중심선을 따라 바깥으로 한 번 접어준다.   7_ 6까지 접으면 한 개 완성.   8_ 여러 개를 연결할 때에는 삼각형 부분 양쪽으로 여러 번 접은 종이 끝 부분을 넣어서 연결한다.   9_ 하나하나를 연결하면 원이 만들어진다. 다양한 색깔을 사용해도 되고 혹은 같은 색으로 해도 된다.

책갈피 표

책갈피 표는 일종의 스텐실 기법으로 만든다고 생각하면 된다.

방법 | 책갈피 표로 사용할 빳빳하고 두꺼운 종이를 대략 4×12센티미터 정도의 길쭉한 직사각형 모양으로 자른다. 가장자리에서 약 0.7~1센티미터 정도의 폭이 되게끔 사방 가장자리를 모두 테이프를 두른다(나중에 떼어내기 쉽도록 너무 꼭 붙이지 않는다). 혹은 사면에 종이를 모두 덧대어도 된다(움직이지 않도록 고정시켜야 한다). 직사각형 안을 원하는 대로 여러 가지 색깔로 칠한다. 테이프나 덧댄 종이는 제거할 것이므로 마음 편히 칠하면 된다. 물감을 짜고 그 위에 다른 종이를 덧대고 눌러서 우연한 효과를 보아도 좋다. 다 마르고 나면 책갈피 표 위에 포개었던 종이나 테이프를 제거한다.

오리고 난 다음에 코팅을 하면 오래 보관할 수 있다.

참고

내담자에게 자신의 병과 관련된 책이나 도움을 주는 책을 읽어오라고 숙제를 낼 때가 많다. 그럴 때 이 책갈피 표 만들기는 책을 읽고자 하는 마음을 갖도록 하는 데 한몫한다.

종이꽃

방법 | 단색 혹은 여러 가지 색의 박엽지나 한지를 여러 장 겹쳐 놓고

1_ 종이꽃 재료인 한지, 가위, 철끈을 준비한다. 2_ 한지를 여러 장 겹쳐놓고 앞뒤로 여러 번 접는다. 3_ 접은 한지의 중간을 색철끈으로 묶는다. 4_ 한 겹 한 겹 펼친다. 5_ 종이꽃은 취향에 따라 여러 가지로 변형이 가능하다.

앞뒤로 여러 번 접어서 중간 부분을 묶고 한 겹 한 겹 펼쳐서 종이꽃을 만든다. 끝 부분을 핑킹 가위로 잘라주면 색다른 형태가 된다.

사용하는 종이가 얇을수록 겹쳐서 접기가 편하다.

놀 이 시 간 5

네모난 종잇조각으로 형태 만들기

여러 가지 색상의 종이(되도록 여러 가지 색깔을 갖춰놓으면 좋다)를 대략 가로 세로 2~3센티미터 정도 되게 사각형으로 잘라둔다. 풀, 가위, 회화 재료도 함께 제공한다.

특히 미술 작업 기능이 매우 떨어지는 환자들을 대상으로 미술치료를 하는 경우에는 이 방법이 도움이 된다. 네모난 종잇조각들이 시작

여러 가지 색상의 종이를 사각형으로 잘라 놓는다.

"내가 했다니 믿겨지지 않아요. 알고 보니 저도 상당히 미술에 소질이 있는 것 같네요. 후훗."

을 쉽게 해주는 촉매제 역할을 하기 때문이다.

그림 보고 따라 그리기

이 기법은 내가 유용하게 쓰는 기법이다. 내담자들에게 아무것도 없는 흰 도화지를 주면서 주제를 던져주고는 그림을 그리라고 하는 것은 사실 무척 어려운 일이다. 물론 사람에 따라, 경우에 따라 매우 다르겠지만, 아무것도 없는 상태에서 새로운 무엇인가를 그리는 것이 어찌 어렵지 않겠는가. 그래서 그림이나 사진을 보고 따라 그리도록 하는 것이 도움이 되는 것이다.

언뜻 생각하기에는 따라서 그릴 경우 그 사람의 내면에 대한 정보를 별로 얻지 못할 것 같거나 혹은 치료적 효과가 없다고 느껴질 수도

"재밌었어요, 선생님. 이거 다음에도 계속하고 싶어요."

있다. 하지만 실제로 해보면 따라 그리는 그림이라 하더라도 진단하는 데 충분한 자료가 된다는 놀라운 경험을 하게 될 것이다. 이를테면 서너 개 이상의 그림을 제시하고, 자신이 그리고 싶은 것을 골라서 따라 그리도록 한 경우 내담자의 선택이 그에 대해 많은 것을 알게끔 해준다. 또, 선택한 그림을 보고 따라 그릴 때 기존 내용을 생략하거나 새로운 내용을 덧붙일 수 있다고 말해주고 내담자의 작품 표현을 살펴보면 이 역시 내담자에 대해 많은 것을 이해할 수 있다.

특히 정신이 혼란하거나 집중에 어려움을 겪는 환자들을 대상으로 따라 그리기를 실시하는 것도 좋다. 그리기를 통해서 무언가를 표현한다는 것 자체에 부담을 느끼고 있는 내담자에게도 따라 그리기는 접근하기 편한 방법이 된다.

행사 절기에 맞춘 기법들

봄이 가면 여름이 오고 가을이 가면 겨울이 오고 또 한 해가 정리
되듯이, 미술치료도 행사와 절기에 따라 내용이 바뀔 수 있다. 예를
들면 다음과 같다.

봄 | 새싹, 집단으로 정원 만들기, 꽃 만들기, 편지 쓰기(어버이날,
스승의 날, 어린이날 등)

여름 | 소나기 풍경, 여름 과일 만들기

가을 | 낙엽으로 도장 찍기, 낙엽 붙여서 그림 만들기, 송편 빚기

겨울 | 크리스마스 장식 함께 만들기, 새해의 결심을 디자인하기

1_ 주워 온 낙엽과 물감, 붓,
물통 등이 낙엽 찍기를 하
는 데 필요한 재료이다. 2_
낙엽에 물감을 묻힌다. 3_
물감이 칠해진 부분이 종이
에 닿게 누른다. 4_ 낙엽에
묻힌 물감이 잘 찍히게 누
른 다음 떼어낸다.

계절별로 행사가 클수록 내담자들은 외로움을 더 많이 느끼고 힘들어 하게 된다. 그러므로 내담자가 힘들어 하는 것을 덮어두려 하지 말고 함께 이야기할 수 있도록 해주어야 한다.

유행하는 캐릭터 만들기

아이들과 함께 이야기하고 마음을 나누기에는 게임 캐릭터도 여러 모로 유용하다. 포켓몬스터라든가 앵그리버드와 같이 아이들에게 인기 있는 캐릭터를 미술치료 시간에 그리거나 만드는 것도 좋다. 이러한 캐릭터는 아동 입장에서 감정을 이입하기 좋은 대상이며, 자신의 처지를 대입하거나 혹은 자신이 바라는 소망을 실현하는 대리만족을

볼클레이로 만든 앵그리버드

주기도 한다.

앵그리버드를 만들고 나서 이 새들이 사는 둥지도 만들 수 있고, 새들과 대결하는 돼지 이야기를 풀어갈 수도 있다.

생일 축하 케이크

생일 축하 케이크는 모든 아동 내담자들이 즐거워하고 행복해하는 주제이다. 비록 자신의 집에서는 사정으로 인해 제대로 축하 받지 못했다 하더라도, 미술치료 시간에 만들어보는 케이크와 축하 행사는 어린 마음을 위로해주기에 제격이다.

실제로 먹을 수 있는 케이크를 만드는 것이 아니라, 마음으로 먹는 케이크이기 때문에 사용하는 재료는 찰흙과 면도 크림, 각종 장식 재료, 그리고 생일 축하용 초 등이다. 면도 크림은 가격이 비싼 것이 흠이지만, 찰흙 케이크 위에 두르게 되면 제법 멋진 케이크를 만들 수 있다. 자, 이제 크림을 둘렀으면 그 위에 각종 장식을 붙이자. 그런 다음 초를 꽂고 불을 붙이자. 그리고 아동에게 촛불을 불어 끄도록 하자. 마음으로 누리는 생일 축하이다.

면도 크림으로 장식한 생일 케이크

새로운 재료 도전하기-플레이콘

재료 자체가 새롭고 신기해서 아동뿐 아니라 청소년과 성인에게 즐거운 경험이 될 때가 있다. 플레이콘도 그러한 재료이다. 이 재료를 처음 개발한 사람은 유아들이 무엇이든 입에 넣는 것을 보고 플라스틱

플레이콘

플레이콘은 플라스틱 칼로 쉽게 자를 수 있다.

플레이콘으로 만든 집

플레이콘으로 꾸민 정원

처럼 자칫 해로울 수도 있는 재료 말고 무해한 것이 없을까 해서 찾던 중에 만들었다고 한다. 옥수수전분으로 만들어져 친환경 소재이지만 색소가 가미되어 있으므로 입에 넣어서는 안 된다. 색소가 진해서 물에 찍으면 물감처럼 색칠할 수도 있다. 가볍고 푹신한 질감이며 플라스틱 칼로도 쉽게 자를 수 있고 손으로 누르면 작아지므로 원하는 모양으로 만들 수 있다. 가장 재미있는 점은 재료들끼리 붙일 때 물을 사용한다는 점이다. 플레이콘에 물을 살짝 묻혀서 다른 플레이콘에 꾹 눌러 갖다 대면 붙는다. 이때 물의 양이 너무 많으면 녹아버리므로, 스펀지나 타월, 혹은 티슈를 물에 적셔서 옆에 두고 플레이콘을 붙일 때마다 살짝 찍어서 사용하도록 한다.

내담자에게 제시할 때에는 플레이콘을 보여주고 물 적신 티슈에 찍어서 붙이는 방법을 시연해준다. 더불어 간단하게 만들어진 작품을 보여주거나 혹은 여러 가지 작품 사진들을 보여주는 것도 아이디어를 생산할 수 있게 하는 방법이 된다.

입체적인 3D 공동 작품

평면 작업에서 별로 흥미를 느끼지 못하는 내담자라면 입체적인 작업을 해보는 것이 좋다. 그리고 입체 작업은 어느 정도 크기가 큰 작품을 만들게 되는 경우도 많아서 집단에서 공동으로 하기에 좋다. 만약 집단이 여덟 명 정도 된다면, 네 명씩 두 조로 나누어서 공동 작품

을 만들도록 하자. 여덟 명이 한 조가 되어서 만드는 것보다는 네 명 정도가 크기 면에서 더 적당할 수 있고, 두 조로 나누어 만들 경우에는 선의의 경쟁도 할 수 있으므로 일석이조가 된다.

소규모 집단에서 작업을 하게 되면 자신이 맡는 역할이나 기능이 가족 안에서의 자기 모습을 보여줄 때가 많다. 이를테면 눈치를 보는지, 자신감 없어 하는지, 혹은 상대방을 의식하지 않고 자기 일만 하는지, 먼저 의견을 내고 이끌어가는지, 아니면 싫어도 말을 못하는지 등. 작품을 만드는 과정에서 어떤 기여를 하는지도 살펴볼 수 있고, 또 작품에 반영된 자기 노력도 작품을 완성한 후에 함께 살펴볼 수 있다.

"이건 잭과 콩나무에 나오는 나무예요. 저희는 네 명이서 이 나무를 만들면서 처음엔 좀 어려웠어요. 그런데 중간에 천사 점토로 구름을 만들고 나니까 뭔가 정말 큰 나무가 된 거예요. 그리고 가장 멋진 부분은 나무 넝쿨을 감아준 거죠. 우리 모두가 만족스러웠어요."

놀 이   시 간   1 2

과자로 집 만들기

집은 그것을 그리거나 만든 사람의 자화상이 되곤 한다. 우리 자신의 모습을 알기 위해 거울에 비추어보듯이, 자화상이 될 수 있는 주제로 작업을 하게 되면 스스로의 모습에 대해 많은 것을 배우게 된다.

물론 집을 그림으로 그려도 좋다. 그런데 연필로 그리는 집이 기껏해야 5분 안팎으로 완성이 된다면, 딱 5분 정도의 자기 모습이 반영되는 것이다. 그에 비해 과자로 집을 만들다 보면 재료의 특이성이나 입체 작업의 즐거움 때문에 한 시간이 어떻게 흘렀는지도 모르게 시간을 보내게 된다. 한 시간 넘게 걸려 만든 집은 그만큼 더 많은 자기 모습을 담고 있다.

정원이 화려하고 가득 찬 집

재료는 과자와 글루건, 그리고 바탕으로 쓸 종이(혹은 폼보드)만 있으면 된다. 글루건은 총처럼 생긴 고체 풀인데 전기 콘센트에 꽂아두고 2~3분 정도 경과하면 뜨겁게 열이 나면서 고체 실리콘이 녹아서 나온다. 이것을 붙이고자 하는 부분에 묻혀 사용하면 된다. 녹아서 나오는 액체 실리콘과 글루건 앞부분은 뜨거우므로 손을 데지 않도록 조심한다.

이글루 모양의 집

과자로 만든 집을 완성했다면, 집에서 어떤 부분들을 강조했는지 보자. 어떤 내담자는 담장을 공들여서 만들었고, 또 다른 내담자는 넓게 트인 공간을 중점적으로 표현했다. 강조된 부분들은 내담자의 소망이 담긴 것이

지붕에 많은 것을 얹어놓은 집

며, 또한 그것은 그 부분이 현재 내담자에게 비어 있거나 혹은 힘든 부분임을 말해준다. 안전에 대한 소망이나 자기 영역을 분명히 지켰으

면 하고 바라는 내담자는 담장을 공들여서 만들 것이다. 답답함을 느끼는 내담자는 트인 공간을 선호할 것이고, 그것은 시원함, 공기가 원활히 통함과 같은 이미지로 나타날 것이다.

비즈로 만드는 팔찌

비즈는 중간에 구멍이 뚫려 있어서 실·고무줄·낚싯줄·우레탄 줄·가죽 끈 등으로 꿸 수 있는 것을 말한다. 비즈 공예라고 해서 낚싯줄에 아주 작은 비즈를 넣고 여러 가지 다양한 형태로 만드는 공예 기술도 있는데, 미술치료 시간에는 직경이 최소 10밀리미터 정도 되는 비즈를 사용한다. 줄은 용도에 따라서 선택할 수 있다. 가늘지만 힘이

"비즈가 정말 다양하네요. 전 동그란 것만 있는 줄 알았어요."

있는 줄을 원하면 낚싯줄을 쓸 수 있고, 낚싯줄보다 탄력이 있고 늘어나는 줄이 필요하면 우레탄 줄을 쓴다. 큰 비즈를 멋스럽게 꿰고 싶으면 가죽 끈을 써도 좋다.

이제 내담자들이 원하는 모양과 색의 비즈를 원하는 순서대로 끼워서 목걸이처럼 만든다. 이 작업은 남자아이들까지 흥미 있어 할 뿐 아니라, 내담자들이 만드는 동안 집중력도 발휘하고 다 만든 작품을 가져가고 싶다며 애정을 드러내는 작업이다.

나만의 물건 만들기

일상적으로 사용하는 물건들도 색깔과 모양을 변형해 자기만의 것으로 만든다면 특별한 의미를 지니게 될 것이다. 이것은 만든 뒤에 다른 사람에게 선물하기에도 좋다.

예시 작품은 리본으로 꽃 모양을 만든 뒤 글루건으로 볼펜 위에 고정시킨 것이다. 볼펜대에도 초콜릿 색 리본을 감았다. 볼펜 머리 부분을 돌려서 열면 심을 갈아 끼울 수 있으므로 오래도록 사용이 가능하다.

"사용할 때마다 꽃을 선물받은 것 같아요."

색모래 병

색모래 병은 투명한 유리병에 색모래를 다양하게 넣으면서 그 색깔에 이름과 의미를 부여하는 방법이다. 투명한 유리병은 시중에서 구할 수 있는 푸딩 병 정도의 크기가 적당하다. 유리병이 크면 클수록 들어가는 모래의 양도 많아지기 때문에 병을 선택할 때는 작은 병을 고르는 것이 좋다. 색모래는 빨강, 주황, 노랑, 연두, 초록, 파랑, 보라, 검정 등 다양한 색으로 갖춰두고 제공한다. 색모래 자체가 대부분의 내담자들에게 신기한 재료로서, 모래에 색이 입혀져 있다는 것을 재미있어 한다.

"전 색모래 병에서 아래쪽에 밝은 색이 있는 게 좋아요. 제일 윗부분은 검은색이지만 조금 더 들어가면 밝은 색이 있다는 게 보여요."

30대 후반의 한 여성은 색모래를 사용해서 작업하면서 우리네 인생이 한 알의 모래일 뿐인데 왜 그리 힘들게 사는지 모르겠다며 자신을 돌아보게 되었다고 말했다.

색모래 그림 그리기

이번에는 색모래로 그리는 그림이다. 풀을 칠해두고 그 위에 모래를 붓는다. 종이를 상하좌우로 기울이면서 모래를 움직이면 풀에 붙

는 모래는 붙고 아닌 것은 떨어진다. 색깔을
나누어서 붙이고 싶으면 원하는 부분만 풀을
칠하고 그 외의 부분은 풀칠 없이 모래를 뿌
리면 된다. 좀 더 정교한 작업을 하기 원하면
풀칠을 하고 나서 원하는 모양만 남겨놓고 종
이를 덧대어서 모래를 뿌리도록 한다.

좀 더 넓은 면적에 빠르게 작업하고 싶다면
풀 대신 젯소gesso를 사용해보자. 젯소는 유
화나 아크릴화를 그릴 때 밑바탕에 칠하는 재료이다. 불투명한 흰
색의 끈끈한 액체이며, 수성 재료이므로 물을 섞어 희석해서 사용한
다. 물을 조금씩 섞어서 젯소가 뭉치거나 덩어리로 남지 않게 잘 개어
야 한다. 바탕에 칠할 때는 넓고 평평한 붓으로 칠하면 좋다. 종이나
캔버스 위에 젯소를 두세 번 칠한 뒤, 그 위에 색모래를 뿌리면 젯소
의 끈적이는 성질 때문에 모래가 떨어지지 않고 달라붙는다.

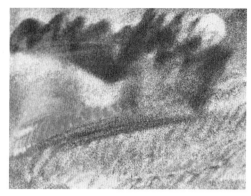

"검은 구름 뒤로 달빛이 보여요."

놀 이 시 간 1 7
나무 펜던트

나무 펜던트도 재료가 주는 매력 덕분에 어른 아이 할 것 없이 모
두 즐거워하는 방법이다. 재료는 구멍 뚫린 나무조각과 가죽 끈, 펜
을 비롯한 기타 그리기 재료 등이다. 반짝이 풀을 칠하거나 비즈와
단추, 작은 나무토막을 붙여도 좋다. 붙일 때는 목공풀이나 글루건을

사용한다. 재료는 인터넷 마켓에서 '나무 공예'로 검색하면 구입할 수 있다. 대량으로 구입하면 저렴하게 살 수 있다.

먼저 작고 둥근 나무조각에 자신만의 상징을 그린다. 색깔이나 무늬를 통해 자신을 표현해보자. 앞뒤로 다 그린 다음에 가죽 끈을 끼워 목걸이로 만든다.

"이거 목에 걸고 다녀도 좋겠는데요?"

색종이로 음식 만들기

먹는 음식은 몸에 에너지원이 될 뿐 아니라 심리적으로 위안이 되

"우와, 완전 좋아요. 한 상 가득이에요."

기도 한다. 치료사가 내담자를 마음으로 수용해주고 필요한 부분을 채워주는 것을 영어로 'Feeding'이라고 하는데, 이 단어 역시 음식과 관련이 있다. Feeding은 '수유' '먹이다' '먹이를 주다'라는 뜻을 가진 단어인데 치료사—내담자 관계에서 '양육하다' 혹은 '채워주다'라는 뜻으로 사용하곤 한다.

이번 기법은 색종이로 각종 음식을 만드는 것이다. 주로 아동 내담자와 작업할 때 사용하는 기법인데, 색종이와 가위, 셀로판테이프와 풀을 사용해서 원하는 모양으로 만들 수 있다. 어린아이들이 놀이를 할 때 가장 많이 하는 것 중에 하나가 음식 만들기라는 점을 생각해 보면 이 주제가 중요한 것임을 쉽게 이해할 수 있다.

11

미술치료 검사 기법

개별성의 세계를 인정할 수 있다면, 경험의 법칙을 체험한다면, 이 장의 여러 가지 검사 기법에서 제시하는 아이디어는 미술치료사들에게 도움을 줄 것이다.

그림 검사는 토정비결이 아니다

　마지막으로 미술치료 검사 기법에 대해 간략하게 소개한다. 아마도 이 책에서 미술치료를 처음 접한다면 도대체 이 검사 기법들을 어떻게 사용할 수 있는지 적잖이 답답함을 느낄 것이다. 재료에 대한 소개도 있고 지시에 대한 소개도 있지만 해석에 대한 소개가 없기 때문이다. 특히나 아동의 그림을 보고 '이것은 무엇'이고 '저것은 무엇'이라는 식의 해석을 하고 싶어했다면, 그림의 해석 지침이 없는 이 책이 비법을 감춘 게 아닌가 싶어 섭섭할 것이다.

　자, 그렇다면 해석을 이야기하기 전에 질문을 하나 할까 한다.

　먼저 당신이 알고 있는 남자들 중 아무나 대략 다섯 명 정도 머릿속에 떠올려보자. (다 떠올렸다면) 그 사람들 중에 국회의원이 몇 명이나 있는지 헤아려보라.

　이번에는 당신이 알고 있는 국회의원을 머릿속에 아무나 떠올려보라. (다 떠올렸다면) 그들 중에 남자가 몇 명이나 있는지 헤아려보라.

　그런 뒤 이 두 결과를 비교해보라.

　마지막으로 내가 왜 이런 질문을 했는지 유추해보라.

　그렇다. 그림의 해석이란 마치 위의 질문같이 생각할 수 있다. 남자를 알고 있다고 할 때 그 남자가 국회의원일 확률은 매우 적다. 하지만 국회의원을 알고 있을 때 그 국회의원이 남자일 확률은 매우 높다. 그림이 이상하니까 이런저런 문제가 있지 않나 하고 추측하는 것은 마치 그 사람이 남자니까 국회의원이 아닐까 하고 생각하는 것과 같다. 그에 비해 문제가 심각한 사람의 그림은 정말로 기괴하거나 이상하게 보인다. 마치 국회의원의 대다수가 남자인 것처럼 말이다.

그러므로 그림을 해석하고 싶다면 그림을 그리는 사람의 행동과 표정, 그 사람이 한 말 등을 통해 어떤 문제를 호소하는지 집중적으로 세심하게 관찰해야 한다. 그렇지 않고 달랑 그림 한 장만 가지고 이야기한다는 것은 그냥 그림을 바라보는 사람이 자신의 문제를 투사하는 것에 더 가깝다.

청소년이나 성인과 작업을 한다면 말할 것 없이 그린 사람에게 이야기할 기회를 주어야 한다. 그리고 아동과 작업한다면 그림을 그릴 때 아동의 행동에 대해 면밀하게 관찰해야 하며 아동의 평소 생활상의 변화나 특징을 알아야 한다.

이 책에 나온 검사 기법들은 내가 만나는 사람을 이해할 수 있는 통로이며 아이디어이다. 예를 들어 DDS의 경우, 엄격한 검사 기법으로 사용하려면 제시된 재료와 조건 들을 지켜야 한다. 하지만 아이디어로 사용한다면 반드시 그렇게 할 필요는 없다. 아이디어를 이용하면 된다.

이 책에 나온 기법은 아이디어를 제공하는 것으로 이해해야 한다.

예를 들어 LSBD와 같은 아이디어가 있다. 아동으로 하여금 자기의 신체를 실제 사이즈로 그려보도록 한다는 것, 참 괜찮은 아이디어 아닌가? 신체적인 문제가 있는 아동이든 학대를 당한 아동이든 혹은 정상적인 아동이든, 그 아동의 행동을 지켜볼 수 있고 문제 해결 양식을 볼 수 있으며, 또한 표현 스타일과 상호작용 방법을 가늠해볼 수 있는 좋은 아이디어인 것이다.

그러므로 해석에 매달리지 말기를 권한다. 치료는 『토정비결』에 나와

DDS
260쪽의 '검사 4'참고

LSBD
258쪽의 '검사 2'참고

있지 않고 이 책 또한 『토정비결』이 아니다. 해석은 치료사가 내담자를 이해할 수 있는 이해의 깊이가 쌓이면 자연스럽게 뒤따라오는 것이다. 그때는 해석을 안 하려고 해도 무엇이 왜 저러한지 느껴지고 보여지고 들릴 것이다. 중요한 것은 어떻게 도울 수 있느냐 하는 점이다. 어떻게 해야 치료가 되는지 모르면서 문제만을 지적하지는 말아야 한다.

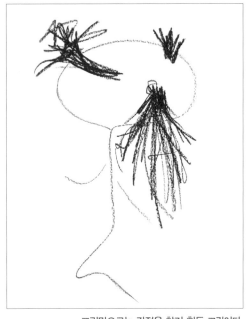

검사 결과 해석 비법 1
내담자의 강점을 찾아라

마음이 아프고 멍든 사람들의 그림을 계속 접하다 보면 그 사람이 가진 문제의 구조와 병리적 흔적들이 먼저 눈에 띄게 된다. 그래서 때로는 아무리 애를 써도 상대방의 강점이나 심리적 자원을 찾기 힘들 때가 있다. 무엇이 문제인지는 잘 보이지만 그 사람의 건강한 부분들이 간과되기 쉽다.

이렇게 한쪽으로만 치우친 진단은 균형을 잃어버린 것이다. 물론 치료를 받으러 오기까지 내담자가 얼마 만큼 마음 상하고 힘들었을지 생각해보면 건강하지 못한 부분들만 부각되는 것도 당연할 것이다. 하지만 내담자에게서 어두운 모습만을 찾아낸다면, 내담자를

그림만으로는 강점을 찾기 힘든 그림이다.
"머리가 터져서 실타래가 흘러나오는 모습이에요."

치료하기가 불가능하다는 결론 밖에 내릴 수가 없다.

그러므로 미술치료사는 내담자와의 만남을 통해 그의 약점과 단점, 문제의 증상과 원인에 대해서 이해해야 할 뿐 아니라 그 내담자의 강점과 심리적 자원을 반드시 찾아내야 한다.

사례로 든 그림은 20대 초반의 남성이 그린 인물화이다. 똑똑하고 능력 있고 자기 표현에 있어서도 세련된 사람이었다. 그림의 이미지만을 보았을 때는 심각한 병리를 의심할 수도 있겠지만, 이 그림은 그가 그 당시 겪고 있던 마음의 갈등을 자기만의 독특한 표현 방법으로 표출한 것이다. 터져 나온 실타래에 사용된 강력한 필압은 그가 안고 있던 문제와 갈등에 쏟고 있는 심리적 에너지를 집약해서 보여주고 있다. 이 사람은 상담 시간에 한 번도 늦게 온 적이 없었다. 자신의 문제에 대해서 생각하고 질문을 두고 고민하는 것에도 게으르지 않았다. 물론 이 사람이 안고 있던 고통은 여러 해에 걸쳐서 조금씩 세월의 무게를 얹어 온 것들이어서 쉽사리 풀 수 있거나 넘길 수 있는 종류가 아니었다. 그러나 상담을 계속하면서 발견하게 된 것은 이 사람이 자신의 문제를 마주보기를 원하고 있고 또 그렇게 할 만큼 강한 사람이라는 점이었다.

검사 결과 해석 비법 2

따라 그려보라

바둑의 프로 기사들이 바둑 두는 것을 보고 나서 순서대로 복기復棋해내는 것처럼 미술치료사들도 자신의 내담자의 작품을 그려진 순서대로 복기할 수 있을 것이다. 내담자가 돌아가고 난 조용한 시간에, 이해되지 않는 내담자의 작품을 그저 말없이 복기해보라. 그러면 그리는 동안 그 내담자가 느꼈을 법한 감정들을 느끼게 될 것이다. 특히나 내담자의 작품 세계를 보고 그 사람을 이해하는 것이 힘들 때는 치료 시간이 끝난 뒤 내담자의 그림을 혼자 조용히 따라 그려보면 의외로 이해하기 쉬울 수 있다.

내담자의 그림뿐 아니라 행동을 따라 해보는 것도 도움이 된다. 때로 내담자의 행동이 지나치게 병리적으로 보일 수도 있다. 이를테면 내담자가 그림을 찢어버렸다고 하자. 그러한 행동은 분노나 좌절감의 표출로 볼 수도 있고 충동성이 잘 통제되지 않는다고 할 수도 있다. 뿐만 아니라 낮은 자존감의 존재를 의심할 수 있고 문제 해결의 역량이 부족하거나 실패에 대한 인내가 부족하다고 볼 수 있다.

하지만 그렇다고 해서 내담자가 작품을 찢거나 구기는 것을 지나치게 걱정할 필요는 없다. 치료사 자신은 그림을 그리다가 종이를 구겨본 적이 없는가? 당연히 있을 것이다. 그렇다면 그때 치료사가 느꼈던 기분은 무엇이었는가? 물론 만족스럽지 않은 기분, 좌절감 등이 있겠지만 그 정도나 강도가 그렇게까지 위험하거나 절망적인 것이었는가? 아마도 그렇지 않을 것이다. 그렇다면 내담자에게도 같은 시각을 적용할 필요가 있다. 즉, 내담자도 치료사의 경험과 마찬가지로 자기 작품에 대해 만족스럽지 않은 감정을 느꼈거나 좌절감을 느꼈고 종이를 찢어버리는 행동을 통해 그것을 표출했을 것이다. 하지만 그 정도가 그렇게까지 심각한 것은 아닐 수 있다.

오히려 구겨버리는 것이 스트레스를 나름대로 해소하는 방법이 되므로 이는 심리적 자원을 상징하는 것이기도 하다. 다시 말하자면 그 내담자가 자신의 인생을 구긴 것이 아니라 종이를 구겼다는 것을 기억할 필요가 있다.

자신의 그림을 해석하라

치료사가 한쪽에 치우치지 않은 눈을 가지려면 자신의 상태가 평안하고 안정적이어야 한다. 그래서 왜곡되지 않은 거울 같은 역할을 할 수 있어야 한다. 그러나 사실 그것은 매우 힘든 일이다. 치료사 자신의 삶이 계속되는 한 고통과 행복은 늘 동반하기 때문에, 정도의 차이일 뿐이지 치료사의 삶은 그가 내담자를 이해하는 데에 영향을 주지 않을 수가 없다.

그러므로 치료사는 누구보다도 자기 자신에 대해 잘 알고 있어야 한다. 치료사에게 선입견이나 취향, 편견 등의 경향이 있다면, 그런 경향이 있다는 사실을 아는 것이 중요하다. 어차피 치료사는 100퍼센트 객관적이거나 선입견을 100퍼센트 버리고 완전히 개방적으로 될 수는 없을 것이다. 추구하는 세계가 있고 선호하는 경향이 있으며 좋아하는 가치관이 있을 터이다.

자기 자신이 어떠한 사람인지, 어떠한 생각과 감정을 가지고 있는지에 대해 제대로 아는 것이 중요하다. 자신에 대해 잘 알수록 자신이 가진 가치관이나 선호 경향성이 내담자를 이해하는 것과 섞이거나 왜곡되지 않도록 분리해낼 수 있기 때문이다.

자기 자신을 이해하는 좋은 방법 중 하나가 바로 자신의 미술작품을 깊이 감상하는 것이다.

미술치료사는 내담자의 작품을 감상할 수 있어야 한다. 하지만 그 이전에 자신의 작품을 감상할 줄 알아야 함은 물론 자신의 작품을 해석할 수 있어야 한다. 자신의 그림을 보는 통찰이 생기면 다른 사람의 그림에 대해서 이해하는 눈도 커지게 된다.

자신이 그린 작품들을 사진으로 찍어 스크랩해놓으면 몇 주일이나 혹은 몇 달 후에 그 작품이 지닌 의미가 마음에 와 닿기도 한다. 때때로 스스로 자신의 모습에 크게 놀라거나 더 깊이 깨닫기도 한다.

검사 결과 해석 비법 4

내담자와 함께하라

미술치료에서 사용하는 검사는 치료사가 일방적으로 해석하거나 분석하는 것이라는 오해가 있다. 특히 언어로 의사소통을 잘하지 못하는 대상을 만날 경우에는 치료사의 인간관과 병인론病因論에 따라 내담자를 바라보기 때문에 더더욱 검사 해석이 일방적으로 비춰질 것이다.

하지만 미술작품에 대한 해석이 일방적이 되었을 경우에는 세 가지 위험이 있다. 첫째는 치료사 개인의 문제가 내담자의 작품에 투사될 가능성이다. 즉, 치료사가 가진 감정의 변화나 고민 등이 내담자에게 있는 것이라고 잘못 생각할 수 있다. 둘째, 설령 치료사의 해석이 맞는다고 하더라도 내담자가 전혀 이해하지 못하거나 받아들일 수 없거나 오히려 상처를 받을 가능성이다. 이 문제는 해석의 시기나 수준과도 관련 있다. 셋째, 내담자가 치료사에게 과도하게 의존하게 될 가능성이다. 그림에 대해 일방적인 해석을 들은 내담자들이 해석을 듣고 나서 뭐라고 질문하는가? 그다음 질문은 "선생님, 그러면 어떻게 하면 되나요?"이다. 이렇게 내담자의 의존성을 심화시키는 것은 건강한 미술치료라고 하기 힘들다.

진단이나 평가를 목적으로 내담자를 만난다면 반드시 그 내담자에게 자신의 작품에 대해 설명할 수 있도록 분위기를 이끌어주어야 한다. 내담자가 그린 그림 속에는 때로 매우 심각해보이는 이미지가 드러나기도 한다. 그럴 때에는 내담자에게 그리는 것이 어떠했는지, 무엇을 나타내고자 했는지, 다 하고 난 뒤에 보니까 어떠한지에 대해 이야기하도록 해주어야 한다. 내담자가 "별로 할 말이 없는데요"라고 하면 내담자에게 생각할 자극들을 제시해주어야 한다. 이를테면 함께 감상해보자고 제안하는 것이다.

"그래요, 지금 별로 할 말이 없다고 했는데, 그러면 한 2,3분 정도 함께 그림을 감상해보기로 할까요? 보면서 어떤 느낌이나 생각이 떠오르면 그 이야기를 하기로 하죠."

혹은, 치료사의 느낌을 먼저 이야기해주고 내담자에게 물을 수도 있다(만일 내담자가 아동일 경우).

"음, 네 그림을 보고 있으니까 왠지 그림에서 외롭다는 느낌이 드는

구나. 선생님만의 생각일까? 어떠니? 네 생각을 듣고 싶어."

결국 미술 진단 기법이란 치료사가 내담자의 그림에서 나타나는 이미지와 내담자의 행동을 주된 자료로 사용하는 것이지만, 내담자와 함께 결론을 찾아가는 여행이라 할 수 있다.

인물화 검사

인물화 검사DAP : Draw-A-Person는 굿이너프Goodenough, 해리스Harris, 맥호버Machover, 코피츠Koppitz 등 많은 연구자에 의해 개발되고 규준과 해석이 갖추어진 검사법이다.

재료 | A4지, 연필, 지우개

방법 | 내담자에게 사람을 그리라고 주문한다. 그림을 그리는 사람이 검사를 받는 동안 이것저것 물어오면 대개 모호하게 대답하거나 "마음대로 하면 된다"라고 대답해준다. 경우에 따라서는 그림을 완성하고 나서, 그려진 사람의 성性과 다른 성을 가진 사람을 그려보라고도 한다.

인물화 검사는 그린 사람의 성격 역동을 잘 드러내 보여주는 검사로 평가된다. 그려진 사람은 그린 사람의 자기 개념을 반영하며, 때로 그리는 사람조차 의식하지 못하는 내용이 투사되어 그림에 드러나기도 한다. 이를테면 우울 뒤에 감춰진 공격성이라든지 자기 파괴적 욕구나 충동적 경향성, 자신감이 없거나 자존감이 낮은 것, 현실 검증력이 미약한 것 등이 표현된다.

변형 | 인물화 검사는 여러 가지로 변형이 가능하다. 검사에 사용되는 재료만 바꾸더라도 상당히 다른 결과를 얻을 수 있다. 예를 들어 연필이 아닌 파스텔이나 크레용을 사용한다면 색깔이 첨가되기 때문에 연필화와 다른 결과를 볼 수 있다. 혹은 주제에 약간의 변형을 해보아도 좋은데 빗속의 사람 그리기나 다리 위의 사람 그리기도 변형된 인물화 검사라 할 수 있다.

검 사 2

실제 크기 신체화

실제 크기 신체화LSBD : Life-Size-Body Drawing는 말키오디Malchiodi가 학대받은 아동들을 미술치료하면서 고안한 기법이다.

재료 | 흰색 두루마리 전지(대략 아동의 키만 한 길이로 자를 것), 연필, 지우개, 굵은 마커

방법 | 흰 전지를 벽에 붙여놓고 "너만큼 큰 사람을 그려보렴"이라고 한다. 만약 아동이 이 기법을 신체 본뜨기로 이해한다면 그렇지 않다고 설명한다.

이 기법은 사람을 그리되 실제 인체 크기로 그리는 것이 특징이다. 연필과 마커를 모두 사용할 수 있으며 그려진 인물이 실제 크기라는 점과 마커도 사용할 수 있다는 점을 제외하면 인물화 검사와 거의 비슷하다. 재미있는 것은 이 기법이 사람을 눕혀놓고 가장자리를 따라서 그리는 것이 아니라는 점이다. 대개 사람을 눕혀놓고 그 가장자리를 따라 그리는 것은 실제 크기 인물화를 그릴 때 많이 사용되는 미술치료 기법이다. 하지만 실제 크기 신체화는 가장자리를 따라서 그리는 게 아니므로 아동이 표현하는 스타일에 있어서나 공간 활용에 있어서 변화를 가져오게끔 한다. 한 아동이 그리는 그림도 그 크기에 따라 표현이 어느 만큼 달라질 수 있는지 살펴보면 놀라게 된다. 특히 신체적인 학대를 경험한 아동들이라면 이 기법을 추천할 만하다.

참고도서
캐시 A. 말키오디, 『침묵을 깨며―폭력 가정의 아동에 대한 미술치료(Breaking the Silence: Art Therapy with Children from Violent Homes)』(1997)

검   사   3

사과 따는 사람 그리기

사과 따는 사람 그리기PPAT : Person Picking an Apple from Tree 검사는 나무와 사람으로 표현되는 자기상과 문제 해결, 목적의 성취 방법을 볼 수 있는 기법이다. 검사를 본격적으로 개발한 사람은 갠트Gantt와 태본Tabone이며, 그 이전에 트립Tripp이 사용했고, 더 거슬러 올라가면 로벤펠드Lowenfeld도 이 주제를 사용했다.

재료 | 8절지, 굵은 마커 12색

참고도서
『미술치료 잡지(American
Journal of Art Therapy)』
1997년 판, 버몬트 대학 발간

방법 | 내담자에게 "사과나무에서 사과를 따는 사람을 그려주세요"라고 주문한다.

뒤에 나오는 HTP 검사에서 나무나 사람에게서 그린 사람의 모습이 드러나는 것처럼, PPAT에서도 나무와 사람 둘에서 다 그린 사람의 모습이 드러난다. 또 어떤 방식으로 사과를 따는지도 그린 사람의 문제 해결 방식을 보여준다. 손을 뻗어서 사과를 따는지, 혹은 사다리를 놓고 올라가서 따는지, 총을 쏘아서 사과를 떨어트리는지, 사람마다 다르게 그릴 것이다. 또한 따놓은 사과를 옮기는 사람을 그릴 수도 있고 사과를 못 따고 그냥 바라보는 사람을 그릴 수도 있는데, 이 모든 다양한 모습들은 각기 그린 사람들의 심리적 상태를 반영한다.

검 사 4

진단적 그림 시리즈

진단적 그림 시리즈DDS : the Diagnostic Drawing Series 검사법은 레소비츠Lesowitz와 싱어Singer, 레이너Reyner, 코언Cohen이 개발한 것으로 정신장애를 가진 사람들을 대상으로 많이 사용되고 있다.

재료 | 흰 도화지 4절지 3장, 파스텔 12색(빨강, 주황, 노랑, 연두, 초록, 밝은 파랑, 어두운 파랑, 보라, 갈색, 고동색, 흰색, 검정). 파스텔은 길쭉한 직육면체 모양으로 생겨서 각 면은 평평하고 모서리가 각이 져 있는 것으로 쓴다. 둥근 파스텔이나 크레파스와 같은 오일파스텔은 DDS에

사용하지 않는다.

과제 1: 자유화 | "이 재료를 사용해서 자유롭게 그림을 그리세요."

과제 2: 나무 그림 | "나무를 그리세요."

과제 3: 감정 그림 | "자신의 감정이나 느낌을 선이나, 색, 형태를 통해 표현하세요."

참고도서
『미술치료 잡지(Art Therapy: Journal of the American Art Therapy Association)』 1994년 판, 미국미술치료협회 발간

각 그림은 최대 15분까지 그릴 수 있으며, 도화지의 방향은 마음대로 할 수 있다고 말해준다. 세 장의 그림이 모두 끝날 때까지는 질문이나 대화를 가급적 삼간다.

이 DDS는 구조적인 분석(그림의 형식이나 내용에 대해)이 가능한 점도 매우 매력적이지만, 그보다 매력적으로 느껴지는 것은 세 가지 그림의 주제가 가지는 독특성이다. 우선 첫 번째 과제인 자유화는 내담자의 반응에 최대한의 다양성을 부여해준다. 두 번째 과제로 나무를 그리도록 하면 대다수의 내담자들이 심리적으로 안도감을 느끼게 된다. 뭔가 쉬운 주제라는 느낌을 받는 셈이다. 하지만 실제적으로 이 나무 과제는 깊은 상징성을 가지고 있다. 어쩌면 인물화에 드러나는 자기상보다 더 높은 수준에서 자기상을 보여주고 있는 것인지도 모른다. 마지막 과제는 감정을 표현하는 것인데, 사실 치료사들은 내담자들의 감정 상태에 누구보다도 관심을 가지고 있다. 따라서 내담자의 감정 상태를 행동이나 태도를 통해 추론하기보다 내담자에게 자신의 용어와 자신의 방식으로 직접 표현하도록 요구하는 것은 사실 굉장히 직접적인 요구이긴 하지만 동시에 참 의미 있는 주문인 셈이다.

내담자들에 따라서는 세 번째 과제를 제대로 소화하지 못하기도 한다. 사실 세 번째 과제는 매우 어렵다. 추상적 사고를 요구해서이기도

하고 감정을 표현한다는 것 자체가 우리나라 문화에서 익숙하지 않기 때문이다. 하지만 실제 이 과제를 사용해보면 의외로 내담자에게서 많은 이야기를 듣게 된다.

검 사 5

울만^{Ulman} 기법

재료 | 회색 4절지 4장, 파스텔 12색(DDS와 동일), 이젤, 화판

회색 종이를 화판에 붙여두되, 이젤에 올려놓지 말고 기다렸다가 내담자에게 이젤에 올리라고 함으로써 가로든 세로든 내담자가 방향을 선택하게 한다.

과제 1: 자유화 | "지금부터 이 종이와 파스텔로 네 장의 그림을 그리게 됩니다. 첫 번째 그림은 당신이 선택해서 무엇이든 그려주세요."

과제 2: 선 긋기 | 팔운동을 먼저 하고 팔운동을 따라 만든 동작들을 선으로 표현한다.

"자, 저를 따라 해보세요. 먼저 오른팔을 움직이세요. 왼팔을 움직이세요." (치료사가 시범을 보이고 따라하게 한다.)

"이제 파스텔을 사용해서 선으로 그리세요. 방금 팔운동을 한 것처럼 위아래, 좌우, 원으로 된 움직임을 그리면 됩니다."

과제 3: 난화 | "눈을 감고, 종이 위에 곡선을 휘갈겨보세요."

"화판 주위를 다니면서 그려진 선에서 어떤 이미지를 찾아보세요. 이미지를 찾았으면 그것을 볼 수 있게끔 그림으로 나타내주세

요. 기존에 있던 선을 사용해도 되고 그 위에 색을 칠하거나 바꿔도 되고 새로운 선이나 형태를 더해도 됩니다. 색깔은 원하는 만큼 사용하세요."

과제 4: 자유화 혹은 난화 | "이것이 마지막 그림입니다. 방금 한 것처럼 곡선을 휘갈겨서 그림을 그릴 수도 있고 혹은 다른 것을 그려도 됩니다. 원하는 것을 선택해서 그려주세요."

시작하기 전에 내담자에게 이것이 평가이며 4장의 그림을 그리게 된다는 점, 그리는 목적이 내담자를 더 잘 이해하기 위한 것이라는 점을 설명해준다. 4장의 그림을 모두 그리고 나면 그린 순서대로 그림들을 벽에 붙이거나 이젤에 올려놓는다. 그림을 보면서 생각나는 것, 떠오르는 것, 느낌, 혹은 그리는 동안의 느낌이나 생각에 대해 이야기를 나눈다.

참고도서
『미술치료 잡지(American Journal of Art Therapy)』 1992년 판, 버몬트 대학 발간

검　　사　　6
크레이머 기법

크레이머는 아동을 대상으로 미술치료를 했으며 이 기법 역시 아동에게 주로 사용하는 미술치료 검사 기법이다.

재료 | 첫 번째 과제에 사용되는 재료는 16절지, 연필(굵은 것과 가는 것, 긴 것과 짧은 것, 잘 깎인 것과 뭉뚝한 것), 지우개이다.

두 번째 과제에서 물감을 선택했을 경우 회색 종이(8절지)와 여덟

참고도서
『미술치료 잡지(American Journal of Art Therapy)』
1992년 판, 버몬트 대학 발간

가지 색깔 물감을 제공하는데, 검정·빨강·주황·파랑·남색·보라·노랑·흰색을 제공한다. 붓은 다양한 사이즈로 준비한다.

찰흙의 경우 찰흙과 간단한 찰흙용 도구들도 함께 제공한다.

과제 1: 연필 그림

과제 2: 물감 그림과 찰흙

물감과 찰흙 중에서 하나를 선택해서 해도 되고, 가능하다면 둘 다 사용하도록 한다. 하지만 아동이 한 가지에 매우 몰두한다면 검사를 목적으로 둘 다 하도록 지시하지는 않는다.

초록색과 갈색은 다른 색을 섞어서 만들 수 있는 색깔이므로 제공하지 않는다. 초록색은 아동이 많이 찾는 색깔이므로 원하는 것이 없을 때 아동이 어떻게 대처하는가를 볼 수 있는 기회가 된다.

검사를 모두 마치기까지 최소 한 시간이 걸리며 대개 한 시간 반 정도 필요하다.

검 사 7

퀴아트코스카 ^{Kwiatkowska} 의 가족 미술 평가

퀴아트코스카는 주로 심각한 심리적 문제로 입원한 청소년 혹은 성인 가족 구성원이 있는 가족을 대상으로 가족 미술치료를 진행했고, 이 검사 역시 그러한 가족들을 대상으로 개발한 방법이다.

재료 | 모서리가 각이 진 파스텔

과제 1: 자유화 | "생각나는 대로 그림을 그려보세요."

과제 2: 가족화 | "당신 자신을 포함해서 가족 개개인을 그려보세요. 사진 같은 그림을 그릴 필요는 없습니다. 다만 최선을 다하면 됩니다. 사람을 그릴 때는 부분만 그리지 말고 전체 인물을 모두 그려주십시오."

과제 3: 추상적 가족화

과제 4: 개인 난화 | "눈을 감고 그리세요."

과제 5: 공동 난화

과제 6: 자유화

첫 번째 자유화는 분위기를 부드럽게 하기 위한 일종의 완화제처럼 사용된다. 지시를 하지 않는 과제를 줌으로써 가족 구성원들이 자유롭고 유연하게 반응할 수 있도록 한다. 두 번째와 세 번째 가족 그림은 가족들이 있는 상태에서 가족을 그린다고 하는 것 자체가 매우 의미 있는 반응을 끌어내곤 한다. 대개 가족들은 서로의 그림에 대해 반응하며 상호작용하는데, 그러한 관계는 또한 그림에도 잘 드러나게 된다. 세 번째 과제인 추상적인 가족 그림은 가장 어렵다는 평을 듣곤 한다. 이 과제는 개개 구성원의 추상적 사고 능력을 보여주기도 하지만, 그보다 이제까지 가족들에 대해 어떠한 생각과 느낌을 가지고 있었는지를 매우 흥미로운 방식으로 보여준다. 세 번째 과제가 끝나고 나면 팔운동을 하게 된다. 위아래로 팔을 움직이고, 수평 방향으로 움직인 뒤, 원을 그리며 팔운동을 한다. 운동의 목적은 다소간 긴장을 풀어주고자 하는 것이다. 네 번째 과제와 다섯 번째 과제는 둘

참고도서
퀴아트코스카, 『미술을 통
한 가족 치료와 평가(Family
Therapy and Evaluation
through Art)』(1978)

다 난화이다. 하나는 개인적으로 하는 것이고 다른 하나는 가족이 공동으로 작업하는 것이다. 이러한 공동 작업은 가족 구성원이 어떤 방식으로 의견을 조정하고 결정하는지 어떻게 서로 의사소통을 하는지 잘 보여준다. 만약 가족들이 난화에서 이미지를 찾는 것을 잘 이해하지 못한다면, 구름을 보았을 때 여러 가지 형태로 보이는 것처럼 이것도 마찬가지라고 설명해준다. 마지막 그림은 첫 번째 그림과 마찬가지로 자유화이다. 두 그림 간의 차이와 공통점을 비교해보면 가족들 간 상호작용의 흐름과 그에 따른 변화를 살펴볼 수 있다. 퀴아트코스카는 마지막 자유화가 매우 의미 있는 그림이라고 보았다. 이 그림은 가족들이 함께 검사를 받는 동안 각자 느꼈던 긴장이나 스트레스를 집약해서 보여준다고 할 수 있다.

그리는 과정이 끝나면 이름을 쓰고 제목을 붙이고 날짜도 기입한다. 전체 여섯 개의 과제를 수행하는 데에는 대략 한 시간 반에서 두 시간 정도 걸린다.

검 사 8

루빈^{Rubin}의 가족 미술 평가

루빈은 아동 및 아동의 가족과 미술치료를 했다. 이 검사는 가족 그림 검사로서 세 가지 과제를 연속적으로 하도록 한다.

재료 | 연필, 크레용, 파스텔, 마커, 펜을 제공하고 가족 구성원들이

각자 재료를 선택하도록 한다.

과제 1 | 개인 난화

과제 2 | 가족 초상화

과제 3 | 공동 벽화

참고도서
루빈, 『아동 미술치료』(고빛
샘 옮김, 지와사랑, 2010)

첫 번째 과제인 난화亂畵는 가족 구성원 가운데 그림에 자신 없어 하는 사람이 있을 경우 활용해볼 수 있는 기법이다. 그림을 잘 그리지 못한다 하더라도 다소 덜 부담스러워 하도록 유도하고 또한 진단적인 정보를 얻기 위해 이 기법을 사용한다. 각자 자기 앞에 주어진 16절지 위에 난화를 그리는데, 눈은 감아도 되고 떠도 된다. 가족이 모두 그림을 완성하면 이젤에 그림을 세우고 각자의 그림을 설명한 뒤 가족들 반응을 확인한다.

두 번째 가족 초상화는 구성원 각자가 자기 가족을 상징하는 작품을 만드는데, 그림으로 그려도 되고 찰흙 작업을 해도 된다. 표현이 추상적이어도 되고 혹은 구체적으로 그려도 된다. 작업이 끝나고 나면 벽에 붙이거나 테이블 위에 올려놓아 한꺼번에 볼 수 있도록 일렬로 배열한다. 그런 뒤 각자가 자신의 작품을 설명할 기회를 가지고, 서로의 작품을 보며 질문하기도 하고 이야기도 나눈다.

세 번째 과제는 벽에 90×180센티미터 정도의 넓은 종이를 붙이고 함께 공동 작품을 그리도록 하는 것이다. 이 과제는 가족들 간에 문제를 해결하기 위해 어떠한 결정을 어떤 사람이 주도하여 이끌게 되는지, 어떻게 상호작용하는지 잘 보여준다. 만약 처음 두 과제를 일찍 끝낸 가족 구성원이 있을 경우에는 다른 사람들이 그림을 끝마치는 동안 자유화를 하도록 요구한다.

랜가튼 ^{Landgarten} 의 가족 미술 평가

참고도서
랜가튼, 『가족 미술 심리치료』(김진숙 옮김, 학지사, 2004)

대략 과제를 모두 끝내기까지 두 시간 정도가 소요된다.

과제 1 | 자신들의 이름 첫 자를 가능한 한 크게 그리도록 한다.

과제 2 | 한 장의 그림 위에 서로 말하지 않으면서 함께 그리도록 한다. 이때 가족 구성원은 각자 서로 다른 색깔의 마커를 사용한다. 그래서 누가 어떤 것을 그렸는지 색을 통해서도 알아볼 수 있도록 한다.

랜가튼은 가족 체계 이론에 기반하여 가족 구성원을 바라보고자 했다. 즉, 가족 구성원이 서로에게 어떠한 영향을 끼치는지 유의해서 살펴보고자 했는데, 이러한 접근은 소위 환자라 불리는 개별 구성원만 중요한 것이 아니라 전체로서의 가족 구성원 각자를 중요하게 여긴 까닭이다.

웨이슨 ^{Wadeson} 기법

웨이슨은 부부 사이에 갈등과 문제를 가진 사람들을 대상으로 아래와 같은 기법을 만들었다.

과제 1 | 말하지 않고 공동 그림을 그린다.

과제 2 | 결혼 관계의 추상화를 그린다.

과제 3 | 자화상을 그려 배우자에게 준다.

참고도서
웨이슨, 『미술심리치료학』
(장연집 옮김, 시그마프레스,
2008)

반드시 이 순서대로 해야 하는 것은 아니다.

첫 번째 과제는 한 장의 종이 위에 두 사람이 그림을 그리도록 하는데, 말을 하지 못하게 함으로써 두 사람 간의 비언어적인 의사소통 양식을 좀 더 확연히 볼 수 있게 한다. 두 번째 과제는 추상적 사고 능력을 평가할 수도 있으며 서로에 대한 강한 감정적 반응을 살펴볼 수도 있다. 마지막 과제는 자화상을 그려서 그것을 배우자에게 주는데, 이 행위는 상징적으로 자기 자신을 남에게 준 것이라고 생각하도록 지시한다. 그런 뒤 받아든 종이가 자기 배우자라고 생각하고 자신이 하고 싶은 것이 무엇인지 해보도록 기회를 준다. 대개 이 방법은 강렬한 감정적 반응을 불러일으키고 둘 간의 상호작용을 극적으로 보여줄 때가 많다.

검 사 1 1

난화

난화는 케인Cane이 개발한 방법으로 청소년과 성인에게 라포를 형성하면서 적용하기에 좋은 기법이다. 크레이머의 경우에는 아동에게도 이 기법을 사용하였다.

참고도서
케인, 「우리 안의 예술가
(The Artist in Each of Us)」
(1983)

재료 | 다양한 사이즈의 종이를 사용할 수 있다. 청소년 이상 성인의 경우 대개 4절지를 사용한다. 파스텔이나 크레용, 마커 등 어느 것을 사용하더라도 무난하다.

방법 | 난화 기법은 우선 몸을 푸는 것으로 시작한다. 전신을 사용해서 큰 동작으로 다소 리드미컬한 움직임을 시도해본다. 그리고 경험한 움직임을 도화지 위에 옮긴다는 기분으로 선을 그려본다. 이렇게 몸을 움직이는 것은 내담자가 자신도 모르게 가지고 있는 경직되고 억제된 경향성을 되도록 부드럽게 풀어주려고 하는 것이다.

그려진 선을 보면서 이리저리 돌려서 다양한 각도에서 그림을 바라보도록 한다. 그러면서 어떤 이미지가 떠오르거나 발견되면, 선을 더하거나 색을 더 칠해서 발견한 이미지를 좀 더 구체화시킨다.

난화 기법은 치료사가 기분 좋게 인도해주면 대다수의 내담자들이 재미있어 하고 즐기게 되는 기법이다.

관련된 기법으로는 위니콧Winnicott의 스퀴글 게임Squiggle Game이 있다. 아동과 치료사가 번갈아서 곡선을 휘갈겨 그리고 그 선을 의미 있는 무엇으로 바꾸는 기법이다.

검 사 1 2
이야기 그리기 게임

이야기 그리기 게임DAS Game : Draw-A-Story Game 기법은 위니콧의 스퀴글 게임에서 힌트를 얻어 게이블Gabel이 만든 방법으로 아동과 청소년들에게 적용하기 적합하다. 특히 치료에 소극적이거나 거부적, 저항적일 때라든지 진단할 때 의기소침해 하는 경우에 사용하면 좋다.

방법 | 치료사가 먼저 단순한 선을 종이 위에 그린다. 그런 뒤 검사를 받는 사람에게 거기에 덧붙여서 더 그려보라고 한다. 그림을 다 마치고 나면, "이것이 무엇이죠?" "어떻게 된 거죠?" 등의 질문을 시작으로 이야기를 구성해 나가도록 이끌 수 있다.

그런 뒤 이번에는 다른 종이에 피검자가 먼저 선을 긋는다. 치료사가 그 위에 그림을 그리는데, 이 그림은 이전에 피검자가 그린 그림의 연장선상에서 관련된 것으로 그린다.

이렇게 서로 순서를 바꾸어가며 그림을 그리는 것은 치료사와 피검자 간의 상호작용을 최대화하도록 도와준다.

검 사　　1 3

이야기 그리기 검사

이야기 그리기 검사DAS Assessmen : Draw-A-Story Assessment 는 앞에 소개한 '이야기 그리기 게임'과 이름은 비슷하지만 다른 검사법이다. 이것은 실버Silver가 만든 것으로 주로 아동들에게 사용하는 방법이다.

재료 | 검사에서 사용하는 그림 카드는 A형과 B형 두 가지 종류가 있

참고도서
오스터(Oster)와 굴드 크론(Gould Crone), 『평가와 치료에서 그림 사용하기—정신보건인을 위한 안내서(Using Drawings in Assessment and Therapy: A Guide for Mental Health Professionals)』(2004)

참고도서
실버, 『세 가지 그림심리검사』(이근매 외 옮김. 시그마프레스, 2007)

는데, 특별한 다른 이유가 없으면 A형을 쓴다. A형 카드의 내용은 카우보이, 소년, 면사포를 쓴 여자, 뱀, 파이프를 물고 안경을 쓴 남자, 털이 선 고양이, 낙하산을 탄 사람, 칼, 나뭇잎이 다 떨어지고 중간에 옹이구멍이 있는 나무, 공룡, 병아리, 쥐, 화산, 중세의 성 등이다. B형 카드는 왕, 의자에 앉은 사람, 공주, 왕비, 화난 듯한 표정으로 한 손을 든 사람, 왕자, 사막, 어깨동무를 하고 있는 두 사람, 사자, 턱을 괸 사람, 장식이 있는 긴 칼, 부엌, 해변가, 물고기 등이다.

방법 | 총 14장으로 된 그림 카드를 보여주고 두 장을 고르게 한다. 그리고 그 두 장의 그림에 있는 대상들 간의 이야기를 꾸며보고 상상한 것을 한 장의 도화지에 그리도록 한다. 그림을 그릴 때에는 카드에 있는 대상의 모습이나 자세를 바꾸어도 된다. 다 그리면 그림에 대한 이야기를 주어진 종이 위에 쓰도록 한다. 개인 면담으로 해도 되고, 집단으로 해도 된다. 시간 제한은 없는데 그리라고 하면 대부분 10분 정도 걸려서 완성하곤 한다.

이 기법은 우울한 아동들이 가지고 있는 생각이나 환상을 잘 드러내 보여준다. 이를테면 화산과 낙하산을 선택한 아동이 그림을 그렸는데, 화산 위로 떨어지는 낙하산을 그렸다든지, 혹은 면사포를 쓴 여자와 칼을 선택해서 칼에 찔린 여자를 그렸다든지 하는 식이다. 이러한 그림 내용은 파괴적이거나 거칠고 공격적이거나, 혹은 긴박한 위험이 담긴 것으로 아동의 우울한 기분과 생각 들을 가늠하게 도와준다.

집–나무–사람 그림 검사

집–나무–사람 그림 검사HTP test : House-Tree-Person test는 인물화와 더불어 여전히 많이 사용되고 있는 그림 검사 중 하나이다. 벽Buck이 개발한 이 검사는 집·나무·사람이라는 세 가지 주제로 되어 있다.

이들 세 가지 주제는 어린 아동에서 나이든 성인에 이르기까지 친숙하게 느끼는 대상이다.

재료 | A4지 3장, 연필, 지우개

방법 | 종이 한 장마다 집, 나무, 사람의 주제 한 개씩을 그린다.

변형 | 집–나무–사람 그림 검사에 동작이 가미된 검사가 있다. 동작성 집–나무–사람 그림 검사K-H-T-P인데, 이 검사는 한 장의 종이 위에 세 가지 개별적인 대상을 함께 그리도록 함으로써 전체로 드러나는 역동성을 살펴볼 수 있게 해준다. 종이 크기는 27×21센티미터이며 지시는 다음과 같다.

"어떤 종류의 동작이 들어가 있는 집, 나무, 사람을 이 검사지에 그려주십시오. 사람은 전체 모습을 그리되 만화나 막대기처럼 꼿꼿하게 서 있는 사람으로 그리지는 마십시오."

동적 가족화

동적動的 가족화KFD : Kinetic Family Drawing는 번스Burns가 창안한 그림 검사이다.

방법 | "무엇인가 함께하고 있는 당신의 가족을 그리십시오."

동적 가족화 이전에 가족 관계를 알아보기 위해 고안된 그림 검사는 아펠Appel, 볼프Wolff, 헐스Hulse에 의해 개발·연구된 가족화DAF: Draw-A-Family이다. 이 검사는 내담자 자신의 가족을 그리라고 요구하며 그리는 사람의 가족 문제와 관련한 유용한 정보를 얻도록 해준다. 그러나 경우에 따라서는 가족들 간의 상호작용을 전혀 드러내보이지 않기도 했다. 이에 번스는 가족 간의 상호작용을 파악하기 위해 무엇인가를 하고 있는 동작성을 가미하여 동적 가족화를 만들었다. 동작성이 가미된 가족 그림 검사인 동적 가족화는 그리는 사람이 가족 내에서 자기 자신을 어떻게 보고 있는지 보여줄 뿐 아니라, 가족들 간의 대인 관계 양상도 잘 보여주는 기법이다.

부록

다양한 사람들의 자세

고개를 숙이고 서 있는 사람

걸어가는 사람

무릎 꿇은 채 손을 들고 있는 사람

양팔을 벌린 사람

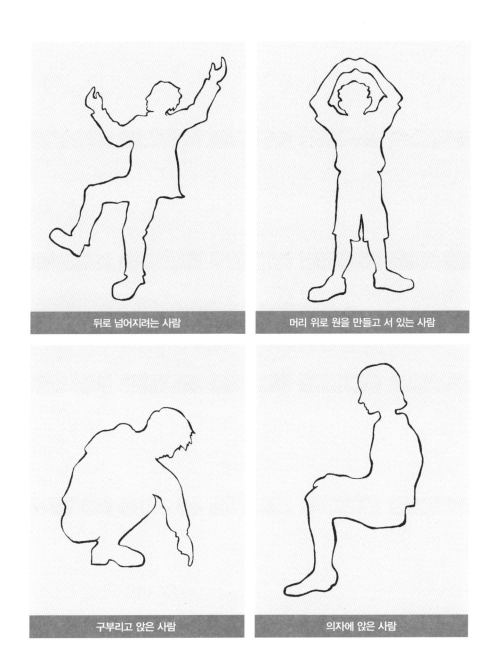

뒤로 넘어지려는 사람

머리 위로 원을 만들고 서 있는 사람

구부리고 앉은 사람

의자에 앉은 사람

얼굴 표정 차트

감사하다	괴롭다	괜찮다	긴장되다	꼴도 보기 싫다
끔찍하다	눈물이 나오다	단호하다	답답하다	두렵다
만족하다	미안하다	무기력하다	무섭다	부끄럽다
불안하다	부담스럽다	뿌듯하다	불쾌하다	비참하다
생기발랄하다	슬프다	심각하다	실망스럽다	쓸쓸하다

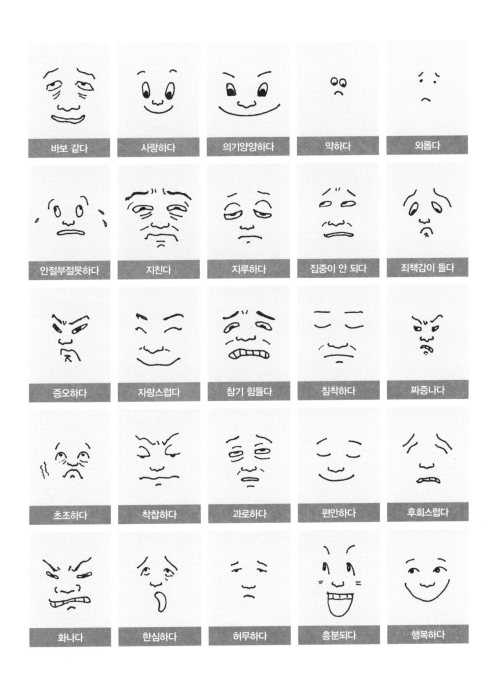

바보 같다	사랑하다	의기양양하다	약하다	외롭다
안절부절못하다	지친다	지루하다	집중이 안 되다	죄책감이 들다
증오하다	자랑스럽다	참기 힘들다	침착하다	짜증나다
초조하다	착찹하다	과로하다	편안하다	후회스럽다
화나다	한심하다	허무하다	흥분되다	행복하다

감정 색상 사전

감정	색상 1	색상 2	색상 3	떠오르는 것

감정 형용사 모음

| ㄱ |

가라앉은
가슴 뭉클한
가슴이 찢어지는
각성된
간절한
감격한
감동 받은
감사하는
개운치 않은
거리감이 느껴지는
거북한
거슬리는
걱정스러운
겁나는
겁먹은
격노한
격분한
격앙된
겸연쩍은
경악을 금치 못하는
경외(외경)하는
경이로운
고독한
고립된
고마운
고무된
고민되는
고양된
고요한
고통스러운
곤혹스러운
공허한
괴로운

굳어버린
궁금한
권태로운
귀찮은
그리운
기꺼운
기대하는
기막힌
기분 상한
기분 좋은
기쁜
기운 빠진
기운을 내는
기운이 나는
긴장된
긴장이 풀린
깜짝 놀란

| ㄴ |

낙관하는
낙담한
난감한
난처한
날아갈 것 같은
낭패를 본
냉담한
냉랭한
넋이 나간
넋이 빠진
넌더리나는
노여운
노한
녹초가 된
놀라운

놀란
눈물이 나는
눈시울이 뜨거워지는
느끼한

| ㄷ |

다리가 후들거리는
다정한
단념한
단조로운
답답한
당당한
당혹스러운
당황한
덜컥하는
도취한
동요되는
동정심을 느끼는
되살아난
두려운
뒤틀린
득의만면의
들뜬
따뜻한
떨리는
뚱한
뛸 듯이 기쁜

| ㅁ |

마비된
마음을 뺏긴
마음이 놓이는
마음이 닫힌
마음이 무거운

마음이 복잡한
마음이 안 놓이는
마음이 어지러운
마음이 편치 않은
막막한
만끽하는
만족하는
맑은
망설이는
망연자실한
매료된
매혹된
맥 빠진
멋쩍은
멍한
메스꺼운
멸시하는
명랑한
모멸감을 느끼는
모욕적인
몰두하는
못 견디는
못마땅한
몽롱한
무감각한
무감동한
무관심한
무기력한
무료한
무서운
무신경한
무심한
무아지경인
물러선

물린
미심쩍은
미안한
미운
미칠 것 같은
민감해진
민망한
밉살스러운

| ㅂ |
반가운
반감을 느끼는
발랄한
발이 떨어지지 않는
밝은
벅찬
부끄러운
부담스러운
부드러워지는
부러운
분개한
분한
불만인
불만족한
불쌍한
불안정한
불안한
불쾌한
불편한
불행한
비참한
뿌듯한

| ㅅ |
산란한
산만한

살아 있는
상실감을 느끼는
상심한
상처받은
상쾌한
샘 나는
생기 있는
생생한
생소한
서글픈
서러운
서운한
설레는
섬뜩한
섭섭한
성가신
성난
소름끼치는
소진된
속상한
손에 땀을 쥐게 하는
쇼크 먹은
수심에 찬
수줍은
수치스러운
숨을 죽이게 하는
숨이 막힐 것 같은
슬픈
시무룩한
시큰둥한
식상한
신경 쓰이는
신경이 날카로운
신경질 나는
신기한
신나는

신선한
실망한
싫은
싫증나는
심드렁한
심란한
심심한
심장이 멎는 것 같은
심통 나는
싸늘한
쑥스러운
쓸쓸한

| ㅇ |
아리송한
아쉬운
아연실색하는
아찔한
안달하는
안도하는
안락한
안심되는
안심이 안 되는
안쓰러운
안절부절못하는
안정된
안타까운
암담한
앞이 안 보이는
애 타는
애끓는
애도하는
애절한
애증이 교차하는
애착이 가는
애처로운

애틋한
야릇한
야속한
약 오른
얄미운
어리둥절한
어안이 벙벙한
어쩔 줄 모르는
억울한
억장이 무너지는
얼떨떨한
얼어붙은
얼이 빠진
여유 없는
여한이 없는
역겨운
연민을 느끼는
열 받은
열렬한
열심인
열의가 생기는
열중하는
염려하는
예민해진
온화한
외로운
욕구불만인
용기를 얻은
우울한
우쭐한
울고 싶은
울적한
울화가 치미는
움찔하는
원기 왕성한
원망스러운

원통한
원한을 품은
위축된
유유자적하는
유쾌한
의구심이 드는
의기소침한
의기양양한
의심스러운
의아한
의욕 없는
의욕이 넘치는
의혹을 느끼는
이완된

| ㅈ |

자극 받은
자랑스러운
자부심을 느끼는
자신 있는
자신감을 얻은
자신만만한
잔잔한
잠잠한
재미없는
재미있는
적개심을 느끼는
적의를 느끼는
절망하는
절실한
정신을 잃은
정열을 느끼는
조급한
조마조마한
조바심 나는
조심스러운

졸린
좋았다 싫었다 하는
좋은
좌절하는
죄스러운
주눅 든
주의가 쏠린
주저하는
중심을 잡은
중압감을 느끼는
즐거운
즐기는
증오하는
지겨운
지루한
지친
진땀나는
진정된
진퇴양난인
질색하는
질투 나는
집중하는
짜릿한
짜증나는
짜증스러운
짠한
찜찜한
찡한

| ㅊ |

차분해진
착잡한
참담한
참지 못하는
창피한
처량한

처절한
처지는
체념하는
초조한
충격적인
충만한
충족된
치욕스러운
친근한
침울한
침착한

| ㅋ |

쾌감을 느끼는
쾌활한

| ㅌ |

통쾌한

| ㅍ |

편안한
평온한
평정한
평화로운
푸근한
피곤한
피로한

| ㅎ |

하늘이 무너지는
한 맺힌
한가로운
한스러운
할 말을 잃은
행복한
허무한

허전한
허탈한
현혹된
혐오스러운
호기심 있는
혼란스러운
혼미한
홀린
화난
확고한
확신하는
환희에 찬
활기가 넘치는
활기찬
황당한
황홀한
회복된
후회하는
흐뭇한
흔쾌한
흡족한
흥겨워 하는
흥미 없는
흥미로운
흥분되는
흥이 난
희망을 느끼는
희망이 없는
희희낙락하는
힘 빠진
힘겨운
힘든
힘없는
힘이 넘치는
힘찬

미술치료 요리책

ⓒ 주리애 2003, 2014

1판 1쇄	2003년 1월 20일	
1판 15쇄	2013년 3월 21일	
2판 1쇄	2014년 2월 28일	
2판 9쇄	2023년 2월 20일	

지은이	주리애
펴낸이	김소영
책임편집	박주희
편집	손희경
디자인	백주영
마케팅	정민호 이숙재 박치우 한민아 이민경 박진희 정경주 정유선 김수인
제작처	상지사

펴낸곳	(주)아트북스
출판등록	2001년 5월 18일 제406-2003-057호
주소	10881 경기도 파주시 회동길 210
대표전화	031-955-8888
문의전화	031-955-7977(편집부)	031-955-2689(마케팅)
팩스	031-955-8855
전자우편	artbooks21@naver.com
트위터	@artbooks21
인스타그램	@artbooks.pub

ISBN	978-89-6196-160-8 03180

값은 뒤표지에 있습니다.
잘못된 책은 구입하신 서점에서 교환해 드립니다.